Zalacaín el aventurero
Baroja, Pío

Publicado: 1909
Categoría(s): Ficción, Novela
Fuente: http://es.wikisource.org/wiki/P%C3%ADo_Baroja

Acerca Baroja:

Pío Baroja y Nessi (28 de diciembre de 1872 - 30 de octubre de 1956) Escritor español de la llamada Generación del 98. Baroja cultivó preferentemente el género narrativo, pero se acercó también con frecuencia al ensayo y más ocasionalmente al teatro, la lírica (Canciones del suburbio) y la biografía. El propio autor agrupó sus novelas, un poco arbitrariamente, en nueve trilogías y una tetralogía, aunque es difícil distinguir qué elementos pueden tener en común: Tierra vasca, La lucha por la vida, El pasado, El mar, La raza, Las ciudades, Agonías de nuestro tiempo, La selva oscura, La juventud perdida y La vida fantástica. http://es.wikipedia.org/wiki/P%C3%ADo_Baroja

Prólogo

CÓMO ERA LA VILLA DE URBIA EN EL ÚLTIMO TERCIO DEL SIGLO XIX

Una muralla de piedra, negruzca y alta rodea a Urbia. Esta muralla sigue a lo largo del camino real, limita el pueblo por el Norte y al llegar al río se tuerce, tropieza con la iglesia, a la que coge, dejando parte del ábside fuera de su recinto, y después escala una altura y envuelve la ciudad por el Sur.

Hay todavía, en los fosos, terrenos encharcados con hierbajos y espadañas, poternas llenas de hierros, garitas desmochadas, escalerillas musgosas, y alrededor, en los glacis, altas y románticas arboledas, malezas y boscajes y verdes praderas salpicadas de florecillas. Cerca, en la aguda colina a cuyo pie se sienta el pueblo, un castillo sombrío se oculta entre gigantescos olmos.

Desde el camino real, Urbia aparece como una agrupación de casas decrépitas, leprosas, inclinadas, con balcones corridos de madera y miradores que asoman por encima de la negra pared de piedra que las circunda.

Tiene Urbia una barriada vieja y otra nueva. La barriada vieja, la calle, como se le llama por antonomasia en vascuence, está formada, principalmente, por dos callejuelas estrechas, sinuosas y en cuesta que se unen en la plaza.

El pueblo viejo, desde la carretera, traza una línea quebrada de tejados torcidos y mugrientos, que va descendiendo desde el Castillo hasta el río. Las casas, encaramadas en la cintura de piedra de la ciudad, parece a primera vista que se encuentran en una posición estrecha é incómoda, pero no es así, sino todo lo contrario, porque, entre el pie de las casas y los muros fortificados, existe un gran espacio ocupado por una serie de magníficas huertas. Tales huertas, protegidas de los vientos fríos, son excelentes. En ellas se pueden cultivar plantas de zona cálida como naranjos y limoneros.

La muralla, por la parte interior que da a las huertas, tiene un camino formado por grandes losas, especie de acera de un metro de ancho con su barandado de hierro.

En los intersticios de estas losas viejas, y desgastadas por las lluvias, crecen la venenosa cicuta y el beleño; junto a las paredes brillan, en la primavera, las flores amarillentas del diente del león y del verbasco, los gladiolos de hermoso color carmesí y las digitales purpúreas. Otros muchos hierbajos, mezclados con ortigas y amapolas, se extienden por la muralla y adornan con su verdura y con sus constelaciones de flores pequeñas y simples las almenas, las aspilleras y los matacanes.

Durante el invierno, en las horas de sol, algunos viejos de la vecindad, con traje de casa y zapatillas, pasean por la cornisa, y al llegar Marzo o Abril contemplan los progresos de los hermosos perales y melocotoneros de las huertas.

Observan también, disimuladamente, por las aspilleras, si viene algún coche o carro al pueblo, si hay novedades en las casas de la barriada nueva, no sin cierta hostilidad, porque todos los habitantes del interior sienten una obscura y mal explicada antipatía por sus convecinos de extra-muros.

La cintura de piedra del pueblo viejo se abre en unos sitios por puertas ojivales; en otros se rompe irregularmente, dejando un boquete que por días se ve agrandarse.

En algunas de las puertas, debajo, de la ojiva primitiva, se hizo posteriormente, no se sabe con qué objeto, un arco de medio punto.

En las piedras de las jambas quedan empotrados hierros que sirvieron para las poternas. Los puentes levadizos están substituídos por montones de tierra que rellenan el foso hasta la necesaria altura.

Urbia ofrece aspectos varios según el sitio de donde se le contemple; desde lejos y viniendo desde la carretera, sobre todo al anochecer, tiene la apariencia de un castillo feudal; la ciudadela sombría, envuelta entre grandes árboles, prolongada después por el pueblo con sus muros fortificados que chorrean agua, presentan un aspecto grave y guerrero; en cambio, desde el puente y un día de sol, Urbia no da ninguna impresión fosca, por el contrario, parece una diminuta Florencia, asentada en las orillas de un riachuelo claro, pedregoso, murmurador y de rápida corriente.

Las dos filas de casas bañadas por el río son casas viejas con galerías y miradores negruzcos, en los cuales cuelgan ropas puestas a secar, ristras de ajos y de pimientos. Estas galerías tienen en un extremo una polea y un cubo para subir agua. Al finalizar las casas, siguiendo las orillas del río, hay algunos huertos, por cuyas tapias verdosas surgen cipreses altos, delgados y espirituales, lo que da a este rincón un mayor aspecto florentino.

Urbia intra-muros se acaba pronto; fuera de las dos calles largas, solo tiene callejones húmedos y estrechos y la plaza. Esta es una encrucijada lóbrega, constituida por una pared de la iglesia con varias rejas tapiadas, por la Casa del Ayuntamiento con sus balcones volados y su gran portón coronado por el escudo de la villa, y por un caserón enorme en cuyo bajo se halla instalado el almacén de Azpillaga.

El almacén de Azpillaga, donde se encuentra de todo, debe dar a los aldeanos la impresión de una caja de Pandora, de un mundo inexplorado y lleno de maravillas. A la puerta de casa de Azpillaga, colgando de las negras paredes, suelen verse chisteras para jugar a la pelota, albardas, jáquimas, monturas de estilo andaluz; y en las ventanas, que hacen de escaparate frascos con caramelos de color, aparejos complicados de pesca, con su corcho rojo y sus cañas, redes sujetas a un mango, marcos de hojadelata, santos de yeso y de latón y estampas viejas, sucias por las moscas.

En el interior hay ropas, mantas, lanas, jamón, botellas de Chartreuse falsificado, loza fina... El Museo Británico no es nada, en variedad, al lado de este almacén.

A la puerta suele pasearse Azpillaga, grueso, majestuoso, con su aire clerical, unas mangas azules y su boina. Las dos calles principales de Urbia son estrechas, tortuosas y en cuesta. La mayoría de los vecinos de esas dos calles son labradores, alpargateros y carpinteros de carros.

Los labradores, por la mañana, salen al campo con sus yuntas. Al despertar el pueblo, al amanecer, se oyen los mugidos de los bueyes; luego, los alpargateros sacan su banco a la acera, y los carpinteros trabajan en medio de la calle en compañía de los chiquillos, de las gallinas y de los perros.

Algunas de las casas de las dos calles principales muestran su escudo, otras, sentencias escritas en latín, y la generalidad, un número, la fecha en que se hicieron y el nombre del matrimonio que las mandó construir...

Hoy, el pueblo lo forma casi exclusivamente la parte nueva, limpia, coquetona, un poco presuntuosa. El verano cruzan la carretera un sin fin de automóviles y casi todos se paran un momento en la casa de Ohando, convertido en Gran Hotel de

Urbia. Algunas señoritas, apasionadas por lo pintoresco, mientras el grueso papá escribe postales en el hotel, suben las escaleras del portal de la Antigua, recorren las dos calles principales de la ciudad y sacan fotografías de los rincones que les parecen románticos y de los grupos de alpargateros que se dejan retratar sonriendo burlonamente.

Hace cuarenta años la vida en Urbia era pacífica y sencilla; los domingos había el acontecimiento de la misa mayor, y por la tarde el acontecimiento de las vísperas. Después, en un prado anejo a la Ciudadela y del cual se había apoderado la villa, iba el tamborilero y la gente bailaba alegremente, al son del pito y del tamboril, hasta que el toque del Ángelus terminaba con la zambra y los campesinos volvían a sus casas después de hacer una estación en la taberna.

Parte 1
La infancia de Zalacaín

Capítulo 1

CÓMO VIVIÓ Y SE EDUCÓ MARTÍN ZALACAÍN

Un camino en cuesta baja de la Ciudadela pasa por encima del cementerio y atraviesa el portal de Francia. Este camino, en la parte alta, tiene a los lados varias cruces de piedra, que terminan en una ermita y por la parte baja, después de entrar en la ciudad, se convierte en calle. A la izquierda del camino, antes de la muralla, había hace años un caserío viejo, medio derruído, con el tejado terrero lleno de pedruscos y la piedra arenisca de sus paredes desgastada por la acción de la humedad y del aire. En el frente de la decrépita y pobre casa, un agujero indicaba dónde estuvo en otro tiempo el escudo, y debajo de él se adivinaban, más bien que se leían, varias letras que componían una frase latina:

«Post funera virtus vivit»

En este caserío nació y pasó los primeros años de su infancia Martín Zalacaín de Urbia, el que, más tarde, había de ser llamado Zalacaín el Aventurero; en este caserío soñó sus primeras aventuras y rompió los primeros pantalones.

Los Zalacaín vivían a pocos pasos de Urbia, pero ni Martín ni su familia eran ciudadanos; faltaban a su casa unos metros para formar parte de la villa.

El padre de Martín fué labrador, un hombre obscuro y poco comunicativo, muerto en una epidemia de viruelas; la madre de Martín tampoco era mujer de carácter; vivió en esa obscuridad psicológica normal entre la gente del campo, y pasó de soltera a casada y de casada a viuda con absoluta inconsciencia. Al morir su marido, quedó con dos hijos Martín y una niña menor, llamada Ignacia.

El caserío donde habitaban los Zalacaín pertenecía a la familia de Ohando, familia la más antigua aristocrática y rica de Urbia.

Vivía la madre de Martín casi de la misericordia de los Ohandos.

En tales condiciones de pobreza y de miseria, parecía lógico que, por herencia y por la acción del ambiente, Martín fuese como su padre y su madre, obscuro, tímido y apocado; pero el muchacho resultó decidido, temerario y audaz.

En esta época, los chicos no iban tanto a la escuela como ahora, y Martín pasó mucho tiempo sin sentarse en sus bancos. No sabía de ella más si no que era un sitio obscuro, con unos cartelones blancos en las paredes, lo cual no le animaba a entrar. Le alejaba también de aquel modesto centro de enseñanza el ver que los chicos de la calle no le consideraban como uno de los suyos, a causa de vivir fuera del pueblo y de andar siempre hecho un andrajoso.

Por este motivo les tenía algún odio; así que cuando algunos chiquillos de los caseríos de extramuros entraban en la calle y comenzaban a pedradas con los ciudadanos, Martín era de los más encarnizados en el combate; capitaneaba las hordas bárbaras, las dirigía y hasta las dominaba.

Tenía entre los demás chicos el ascendiente de su audacia y de su temeridad. No había rincón del pueblo que Martín no conociera. Para él, Urbia era la reunión de todas las bellezas, el compendio de todos los intereses y magnificencias.

Nadie se ocupaba de él, no compartía con los demás chicos la escuela y huroneaba por todas partes. Su abandono le obligaba a formarse sus ideas espontáneamente y a templar la osadía con la prudencia.

Mientras los niños de su edad aprendían a leer, él daba la vuelta a la muralla, sin que le asustasen las piedras derrumbadas, ni las zarzas que cerraban el paso.

Sabía dónde había palomas torcaces é intentaba coger sus nidos, robaba fruta y cogía moras y fresas silvestres.

A los ocho años, Martín gozaba de una mala fama digna ya de un hombre. Un día, al salir de la escuela, Carlos Ohando, el hijo de la familia rica que dejaba por limosna el caserío a la madre de Martín, señalándole con el dedo, gritó:

— ¡Ese! Ese es un ladrón.

— ¡Yo! -exclamó Martín.

— Tú, sí. El otro día te vi que estabas robando peras en mi casa. Toda tu familia es de ladrones.

Martín, aunque respecto a él no podía negar la exactitud del cargo, creyó no debía permitir este ultraje dirigido a los Zalacaín y, abalanzándose sobre el joven Ohando, le dió una bofetada morrocotuda. Ohando contestó con un puñetazo, se agarraron los dos y cayeron al suelo, se dieron de trompicones, pero Martín, más fuerte, tumbaba siempre al contrario. Un alpargatero tuvo que intervenir en la contienda y, a puntapiés y a empujones, separó a los dos adversarios. Martín se separó triunfante y el joven Ohando, magullado y maltrecho, se fué a su casa.

La madre de Martín, al saber el suceso, quiso obligar a su hijo a presentarse en casa de Ohando y a pedir perdón a Carlos, pero Martín afirmó que antes lo matarían. Ella tuvo que encargarse de dar toda clase de excusas y explicaciones a la poderosa familia.

Desde entonces, la madre miraba a su hijo como a un réprobo.

— ¡De dónde ha salido este chico así! -decía, y experimentaba al pensar en él un sentimiento confuso de amor y de pena, solo comparable con el asombro y la desesperación de la gallina, cuando empolla huevos de pato y ve que sus hijos se zambullen en el agua sin miedo y van nadando valientemente.

Capítulo 2

DONDE SE HABLA DEL VIEJO CÍNICO MIGUEL DE TELLAGORRI

Algunas veces, cuando su madre enviaba por vino o por sidra a la taberna de Arcale a su hijo Martín, le solía decir:

— Y si le encuentras, al viejo Tellagorri, no le hables, y si te dice algo, respóndele a todo que no.

Tellagorri, tío-abuelo de Martín, hermano de la madre de su padre, era un hombre flaco, de nariz enorme y ganchuda, pelo gris, ojos grises, y la pipa de barro siempre en la boca. Punto fuerte en la taberna de Arcale, tenía allí su centro de operaciones, allí peroraba, discutía y mantenía vivo el odio latente que hay entre los campesinos por el propietario.

Vivía el viejo Tellagorri de una porción de pequeños recursos que él se agenciaba, y tenía mala fama entre las personas pudientes del pueblo. Era, en el fondo, un hombre de rapiña, alegre y jovial, buen bebedor, buen amigo y en el interior de su alma bastante violento para pegarle un tiro a uno o para incendiar el pueblo entero.

La madre de Martín presintió que, dado el carácter de su hijo, terminaría haciéndose amigo de Tellagorri, a quien ella consideraba como un hombre siniestro. Efectivamente, así fué; el mismo día en que el viejo supo la paliza que su sobrino había adjudicado al joven Ohando, le tomó bajo su protección y comenzó a iniciarle en su vida.

El mismo señalado día en que Martín disfrutó de la amistad de Tellagorri, obtuvo también la benevolencia de «Marqués». Marqués era el perro de Tellagorri, un perro chiquito, feo, contagiado hasta tal punto con las ideas, preocupaciones y mañas de su amo, que era como él; ladrón, astuto, vagabundo, viejo, cínico, insociable é independiente. Además, participaba del odio de Tellagorri por los ricos, cosa rara en un perro. Si

«Marqués» entraba alguna vez en la iglesia, era para ver si los chicos habían dejado en el suelo de los bancos donde se sentaban algún mendrugo de pan, no por otra cosa. No tenía veleidades místicas. A pesar de su título aristocrático, «Marqués», no simpatizaba ni con el clero ni con la nobleza. Tellagorri le llamaba siempre «Marquesch», alteración que en vasco parece más cariñosa.

Tellagorri poseía un huertecillo que no valía nada, según los inteligentes, en el extremo opuesto de su casa, y para ir a él le era indispensable recorrer todo el balcón de la muralla. Muchas veces le propusieron comprarle el huerto, pero él decía que le venía de familia y que los higos de sus higueras eran tan excelentes, que por nada del mundo vendería aquel pedazo de tierra.

Todo el mundo creía que conservaba el huertecillo para tener derecho de pasar por la muralla y robar, y esta opinión no se hallaba, ni mucho menos, alejada de la realidad.

Tellagorri era de la familia de los Galchagorris, la familia de los pantalones colorados, y este consonante, entre el mote de su familia y su nombre había servido al padre de la sacristana, viejo chusco que odiaba a Tellagorri, de motivo a una canción que hasta los chicos la sabían y que mortificaba profundamente a Tellagorri.

La canción decía así:

Tellagorri
Galchagorri
Ongui etorri
Onera.
Ostutzale
Erantzale
Nescatzale
Zu cerá.

(Tellagorri, Galchagorri, bien venido seas aquí. Aficionado a robar, aficionado a beber aficionado a las muchachas, eres tú.)

Tellagorri, al oír la canción, fruncía el entrecejo y se ponía serio.

Tellagorri era un individualista convencido, tenía el individualismo del vasco reforzado y calafateado por el individualismo de los Tellagorris.

— Cada cual que conserve lo que tenga y que robe lo que pueda —decía.

Ésta era la más social de sus teorías, las más insociables se las callaba.

Tellagorri no necesitaba de nadie para vivir. Él se hacía la ropa, él se afeitaba y se cortaba el pelo, se fabrica las abarcas, y no necesitaba de nadie, ni de mujer ni de hombre. Así al menos lo aseguraba él.

Tellagorri, cuando le tomó por su cuenta a Martín, le enseñó toda su ciencia. Le explicó la manera de acogotar una gallina sin que alborotase, le mostró la manera de coger los higos y las ciruelas de las huertas sin peligro de ser visto, y le enseñó a conocer las setas buenas de las venenosas por el color de la hierba en donde se crían.

Esta cosecha de setas y la caza de caracoles constituía un ingreso para Tellagorri, pero el mayor era otro.

Había en la Ciudadela, en uno de los lienzos de la muralla, un rellano formado por tierra, al cual parecía tan imposible llegar subiendo como bajando. Sin embargo, Tellagorri dió con la vereda para escalar aquel rincón y, en este sitio recóndito y soleado, puso una verdadera plantación de tabaco, cuyas hojas secas vendía al tabernero Arcale.

El camino que llevaba a la plantación de tabaco del viejo, partía de una heredad de los Ohandos y pasaba por un foso de la Ciudadela. Abriendo una puerta vieja y carcomida que había en este foso, por unos escalones cubiertos de musgo, se llegaba al rincón de Tellagorri.

Este camino subía apoyándose en las gruesas raíces de los árboles, constituyendo una escalera de desiguales tramos, metida en un túnel de ramaje.

En verano, las hojas lo cubrían por completo. En los días calurosos de Agosto se podía dormir allí a la sombra, arrullado por el piar de los pájaros y el rezongar de los moscones.

El foso era lugar también interesante para Martín; las paredes estaban cubiertas de musgos rojos, amarillos y verdes; entre las piedras nacían la lechetrezna, el beleño y el yezgo, y los grandes lagartos tornasolados se tostaban al sol. En los huecos de la muralla tenían sus nidos las lechuzas y los mochuelos.

Tellagorri explicaba todo detenidamente a Martín.

Tellagorri era un sabio, nadie conocía la comarca como él, nadie dominaba la geografía del río Ibaya, la fauna y la flora de sus orillas y de sus aguas como este viejo cínico.

Guardaba, en los agujeros del puente romano, su aparejo y su red para cuando la veda; sabía pescar al martillo, procedimiento que se reduce a golpear algunas losas del fondo del río y luego a levantarlas, con lo que quedan las truchas que han estado debajo inmóviles y aletargadas.

Sabía cazar los peces a tiros; ponía lazos a las nutrias en la cueva de Amaviturrieta, que se hunde en el suelo y está a medias llena de agua; echaba las redes en Ocin beltz, el agujero negro en donde el río se embalsa; pero no empleaba nunca la dinamita porque, aunque vagamente, Tellagorri amaba la Naturaleza y no quería empobrecerla.

Le gustaba también a este viejo embromar a la gente: decía que nada gustaba tanto a las nutrias como un periódico con buenas noticias, y aseguraba que si se dejaba un papel a la orilla del río, estos animales salen a leerlo; contaba historias extraordinarias de la inteligencia de los salmones y de otros peces. Para Tellagorri, los perros si no hablaban era porque no querían, pero él los consideraba con tanta inteligencia como una persona. Este entusiasmo por los canes le había impulsado a pronunciar esta frase irrespetuosa:

— «Yo le saludo con más respeto a un perro de aguas, que al señor párroco.»

La tal frase escandalizó el pueblo.

Había gente que comenzaba a creer que Tellagorri y Voltaire eran los causantes de la impiedad moderna.

Cuando no tenían, el viejo y el chico, nada que hacer, iban de caza con «Marquesch» al monte. Arcale le prestaba a Tellagorri su escopeta. Tellagorri, sin motivo conocido, comenzaba a insultar a su perro. Para esto siempre tenía que emplear el castellano:

— ¡Canalla! ¡Granuja! -le decía-. ¡Viejo cochino! ¡Cobarde!

«Marqués» contestaba a los insultos con un ladrido suave, que parecía una quejumbrosa protesta, movía la cola como un péndulo y se ponía a andar en zig-zag, olfateando por todas partes. De pronto veía que algunas hierbas se movían y se lanzaba a ellas como una flecha.

Martín se divertía muchísimo con estos espectáculos. Tellagorri lo tenía como acompañante para todo, menos para ir a la taberna; allí no le quería a Martín. Al anochecer, solía decirle, cuando él iba a perorar al parlamento de casa de Arcale:

— Anda, vete a mi huerta y coge unas peras de allí, del rincón, y llévatelas a casa. Mañana me darás la llave.

Y le entregaba un pedazo de hierro que pesaba media tonelada por lo menos.

Martín recorría el balcón de la muralla. Así sabía que en casa de Tal habían plantado alcachofas y en la de Cual judías. El ver las huertas y las casas ajenas desde lo alto de la muralla, y el contemplar los trabajos de los demás, iba dando a Martín cierta inclinación a la filosofía y al robo.

Como en el fondo el joven Zalacaín era agradecido y de buena pasta, sentía por su viejo Mentor un gran entusiasmo y un gran respeto. Tellagorri lo sabía, aunque daba a entender que lo ignoraba; pero en buena reciprocidad, todo lo que comprendía que le gustaba al muchacho o servía para su educación, lo hacía si estaba en su mano.

¡Y qué rincones conocía Tellagorri! Como buen vagabundo era aficionado a la contemplación de la Naturaleza. El viejo y el muchacho subían a las alturas de la Ciudadela, y allá, tendidos sobre la hierba y las aliagas, contemplaban el extenso paisaje. Sobre todo, las tardes de primavera era una maravilla. El río Ibaya, limpio, claro, cruzaba el valle por entre heredades verdes, por entre filas de álamos altísimos, ensanchándose y saltando sobre las piedras, estrechándose después, convirtiéndose en cascada de perlas al caer por la presa del molino. Cerraban el horizonte montes ceñudos y en los huertos se veían arboledas y bosquecillos de frutales.

El sol daba en los grandes olmos de follaje espeso de la Ciudadela y los enrojecía y los coloreaba con un tono de cobre.

Bajando desde lo alto, por senderos de cabras, se llegaba a un camino que corría junto a las aguas claras del Ibaya. Cerca del pueblo, algunos pescadores de caña, se pasaban la tarde sentados en la orilla y las lavanderas, con las piernas desnudas metidas en el río, sacudían las ropas y cantaban.

Tellagorri conocía de lejos a los pescadores. -Allí están Tal y Tal, decía-. Seguramente no han pescado nada. No se reunía con ellos; él sabía un rincón perfumado por las flores de las acacias y de los espinos que caía sobre un sitio en donde el río estaba en sombra y a donde afluían los peces.

Tellagorri le curtía a Martín, le hacía andar, correr, subirse a los árboles, meterse en los agujeros como un hurón, le educaba a su manera, por el sistema pedagógico de los Tellagorris que se parecía bastante al salvajismo.

Mientras los demás chicos estudiaban la doctrina y el catón, él contemplaba los espectáculos de la Naturaleza, entraba en la cueva de Erroitza en donde hay salones inmensos llenos de grandes murciélagos que se cuelgan de las paredes por las uñas de sus alas membranosas, se bañaba en Ocin beltz, a pesar de que todo el pueblo consideraba este remanso peligrosísimo, cazaba y daba grandes viajatas.

Tellagorri hacía que su nieto entrara en el río cuando llevaban a bañar los caballos de la diligencia, montado en uno de ellos.

— ¡Más adentro! ¡Más cerca de la presa, Martín! -le decía. Y Martín, riendo, llevaba los caballos hasta la misma presa.

Algunas noches, Tellagorri, le llevó a Zalacaín al cementerio.

— Espérame aquí un momento -le dijo.

— Bueno.

Al cabo de media hora, al volver por allí le preguntó:

— ¿Has tenido miedo, Martín?

— ¿Miedo de qué?

— «¡Arrayua!» Así hay que ser -decía Tellagorri-. Hay que estar firmes, siempre firmes.

Capítulo **3**

LA REUNIÓN DE LA POSADA DE ARCALE

La posada de Arcale estaba en la calle del castillo y hacía esquina al callejón Oquerra. Del callejón se salía al portal de la Antigua; hendidura estrecha y lóbrega de la muralla que bajaba por una rampa en zig-zag al camino real. La casa de Arcale era un caserón de piedra hasta el primer piso, y lo demás de ladrillo, que dejaba ver sus vigas cruzadas y ennegrecidas por la humedad. Era, al mismo tiempo, posada y taberna con honores de club, pues allí por la noche se reunían varios vecinos de la *calle* y algunos campesinos a hablar y a discutir y los domingos a emborracharse. El zaguán negro tenía un mostrador y un armario repleto de vinos y licores; a un lado estaba la taberna, con mesas de pino largas que podían levantarse y sujetarse a la pared, y en el fondo la cocina. Arcale era un hombre grueso y activo, excosechero, extratante de caballos y contrabandista. Tenía cuentas complicadas con todo el mundo, administraba las diligencias, chalaneaba, gitaneaba, y los días de fiesta añadía a sus oficios el de cocinero. Siempre estaba yendo y viniendo, hablando, gritando, riñendo a su mujer y a su hermano, a los criados y a los pobres; no paraba nunca de hacer algo.

La tertulia de la noche en la taberna de Arcale la sostenían Tellagorri y Pichía. Pichía, digno compinche de Tellagorri, le servía de contraste. Tellagorri era flaco, Pichía gordo; Tellagorri vestía de obscuro, Pichía, quizá para poner más en evidencia su volumen, de claro; Tellagorri pasaba por pobre, Pichía era rico; Tellagorri era liberal, Pichía carlista; Tellagorri no pisaba la iglesia, Pichía estaba siempre en ella, pero a pesar de tantas divergencias Tellagorri y Pichía se sentían almas gemelas que fraternizaban ante un vaso de buen vino.

Tenían estos dos oradores de la taberna de Arcale hablando en castellano un carácter común y era que invariablemente trabucaban las efes y las pes. No había medio de que las pronunciasen a derechas.

— ¿Qué te *farece* a tí el médico nuevo? —le preguntaba Pichía a Tellagorri.

— ¡Psé! —contestaba el otro—. La *frática* es lo que le *palta*.

— Pues es hombre listo, hombre de alguna *portuna*, tiene su *fiano* en casa.

No había manera de que uno u otro pronunciaran estas letras bien.

Tellagorri se sentía poco aficionado a las cosas de iglesia, tenía poca *apición*, como hubiera dicho él, y cuando bebía dos copas de más la primera gente de quien empezaba a hablar mal era de los curas. Pichía parecía natural que se indignara y no sólo no se indignaba como cerero y religioso, sino que azuzaba a su amigo para que dijera cosas más fuertes contra el vicario, los coadjutores, el sacristán o la cerora.

Sin embargo, Tellagorri respetaba al vicario de Arbea, a quien los clericales acusaban de liberal y de loco. El tal vicario tenía la costumbre de coger su sueldo, cambiarlo en plata y dejarlo encima de la mesa formando un montón, no muy grande, porque el sueldo no era mucho, de duros y de pesetas. Luego, a todo el que iba a pedirle algo, después de reñirle rudamente y de reprocharle sus vicios y de insultarle a veces, le daba lo que le parecía, hasta que a mediados del mes se le acababa el montón de pesetas y entonces daba maíz o habichuelas siempre refunfuñando é insultando.

Tellagorri decía: —Esos son curas, no como los de aquí, que no quieren más que vivir bien y buenas *profinas*.

Toda la torpeza de Tellagorri hablando castellano se trocaba en facilidad, en rapidez y en gracia cuando peroraba en vascuence. Sin embargo, él prefería hablar en castellano porque le parecía más elegante.

Cualquier cosa llegaba a ser graciosa en boca de aquel viejo truhán; cuando pasaba por delante de la taberna alguna chica bonita, Tellagorri lanzaba un ronquido tan socarrón que todo el mundo reía.

Otro, haciendo lo mismo, hubiese parecido ordinario y grosero; él, no; Tellagorri tenía una elegancia y una delicadeza innata que le alejaban de la grosería.

Era también hombre de refranes, y cuando estaba borracho cantaba muy mal, sin afinación alguna, pero dando a las palabras mucha malicia.

Las dos canciones favoritas suyas eran dos híbridas de vascuence y castellano; traducidas literalmente no querían decir gran cosa, pero en sus labios significaban todo. Una, probablemente de su invención, era así:

Ba dala sargentua Ba
dala quefia.
Erreguiñen bizcarretic
Artzen ditu cafia.

(Ya sea sargento, ya sea jefe, a costa de la reina, toma su café).

Esto, en boca de Tellagori, quiería decir que todo el mundo era un pillo.

La otra canción la tenía el viejo para los momentos solemnes, y era así:

Manuelacho, escasayozu
Barcasiyua Andresí.

(Manolita, pídele perdón a Andrés).

Y hacía, al decir esto Tellagorri, una reverencia cómica, y continuaa con voz gangosa:

Beti orrela ibilli gabe
majo sharraren iguesí.

(Sin andar siempre, de esa manera, huyendo de un viejecito tan majo).

Y después, como una consecuencia grave de lo que había dicho antes, añadía:

Napoleonen pauso gaiztoac
ondó dituzu icasi.

(Los malos pasos de Napoleón, bien los has aprendido).

No era fácil comprender qué malos pasos de Napoleón habría aprendido Manolita. Probablemente Manolita no tendría ni la más remota idea de la existencia del héroe de Austerlitz, pero esto no era obstáculo para que la canción en boca de Tellagorri tuviese muchísima gracia.

Para los momentos en que Tellagorri estaba un tanto excitado o borracho, tenía otra canción bilingüe, en que se celebraba el abrazo de Vergara y que concluía así:

¡Viva Espartero! ¡Viva erreguiña!
¡Ojalá de repente ilcobalizaque
Bere ama ciquiña!

(¡Viva Espartero! ¡Viva la reina! Ojalá de repente se muriese su sucia madre!).

Este adjetivo, dirigido a la madre de Isabel II, indicaba cómo había llegado el odio por María Cristina hasta los más alejados rincones de España.

Capítulo 4

QUE SE REFIERE A LA NOBLE CASA DE OHANDO

A la entrada del pueblo nuevo, en la carretera, y por lo tanto, fuera de las murallas, estaba la casa más antigua y linajuda de Urbia: la casa de Ohando.

Los Ohandos constituyeron durante mucho tiempo la única aristocracia de la villa; fueron en tiempo remoto grandes hacendados y fundadores de capellanías, luego algunos reveses de fortuna y la guerra civil, amenguaron sus rentas y la llegada de otras familias ricas les quitó la preponderancia absoluta que habían tenido.

La casa Ohando estaba en la carretera, lo bastante retirada de ella para dejar sitio a un hermoso jardín, en el cual, como haciendo guardia, se levantaban seis magníficos tilos. Entre los grandes troncos de estos árboles crecían viejos rosales que formaban guirnaldas en la primavera cuajadas de flores.

Otro rosal trepador, de retorcidas ramas y rosas de color de té, subía por la fachada extendiéndose como una parra y daba al viejo casarón un tono delicado y aéreo. Tenía además este jardín, en el lado que se unía con la huerta, un bosquecillo de lilas y saúcos. En los meses de Abril y Mayo, estos arbustos florecían y mezclaban sus tirsos perfumados, sus corolas blancas y sus racimillos azules.

En la casa solar, sobre el gran balcón del centro, campeaba el escudo de los fundadores tallado en arenisca roja; se veían esculpidos en él dos lobos rampantes con unas manos cortadas en la boca y un roble en el fondo. En el lenguaje heráldico, el lobo indica encarnizamiento con los enemigos; el roble, venerable antigüedad.

A juzgar por el blasón de los Ohandos, estos eran de una familia antigua, feroz con los enemigos. Si había que dar crédito a algunas viejas historias, el escudo decía únicamente la verdad.

La parte de atrás de la casa de los hidalgos daba a una hondonada; tenía una gran galería de cristales y estaba hecha de ladrillo con entramado negro; enfrente se erguía un monte de dos mil pies, según el mapa de la provincia, con algunos caseríos en la parte baja, y en la alta, desnudo de vegetación, y sólo cubierto a trechos por encinas y carrascas.

Por un lado, el jardín se continuaba con una magnífica huerta en declive, orientada al mediodía.

La familia de los Ohandos se componía de la madre, doña Águeda, y de sus hijos Carlos y Catalina.

Doña Águeda, mujer débil, fanática y enfermiza, de muy poco carácter, estaba dominada constantemente en las cuestiones de la casa por alguna criada antigua y en las cuestiones espirituales por el confesor.

En esta época, el confesor era un curita joven llamado don Félix, hombre de apariencia tranquila y dulce que ocultaba vagas ambiciones de dominio bajo una capa de mansedumbre evangélica.

Carlos de Ohando el hijo mayor de doña Águeda, era un muchacho cerril, obscuro, tímido y de pasiones violentas. El odio y la envidia se convertían en el en verdaderas enfermedades.

A Martín Zalacaín le había odiado desde pequeño cuando Martín le calentó las costillas al salir de la escuela, el odio de Carlos se convirtió en furor. Cuando le veía a Martín andar a caballo y entrar en el río, le deseaba un desliz peligroso.

Le odiaba frenéticamente.

Catalina, en vez de ser obscura y cerril como su hermano Carlos, era pizpireta, sonriente, alegre y muy bonita. Cuando iba a la escuela con su carita sonrosada, un traje gris y una boina roja en la cabeza rubia, todas las mujeres del pueblo la acariciaban, las demás chicas querían siempre andar con ella y decían que, a pesar de su posición privilegiada, no era nada orgullosa.

Una de sus amigas era Ignacita, la hermana de Martín.

Catalina y Martín se encontraban muchas veces y se hablaban; él la veía desde lo alto de la muralla, en el mirador de la casa, sentadita y muy formal, jugando o aprendiendo a hacer media. Ella siempre estaba oyendo hablar de las calaveradas de Martín.

— Ya está ese diablo ahí en la muralla —decía doña Águeda—. Se va a matar el mejor día. ¡Qué demonio de chico! ¡Qué malo es!

Catalina ya sabía que diciendo ese demonio, o ese diablo, se referían a Martín.

Carlos alguna vez le había dicho a su hermana:

— No hables con ese ladrón.

Pero a Catalina no le parecía ningún crimen que Martín cogiera frutas de los árboles y se las comiese, ni que corriese por la muralla. A ella se le antojaban extravagancias, porque desde niña tenía un instinto de orden y tranquilidad y le parecía mal que Martín fuese tan loco.

Los Ohandos eran dueños de un jardín próximo al río, con grandes magnolias y tilos y cercado por un seto de zarzas.

Cuando Catalina solía ir allí con la criada a coger flores, Martín las seguía muchas veces y se quedaba a la entrada del seto.

— Entra si quieres —le decía Catalina.

— Bueno —y Martín entraba y hablaba de sus correrías, de las barbaridades que iba a hacer y exponía las opiniones de Tellagorri, que le parecían artículos de fe.

— ¡Más te valía ir a la escuela! —le decía Catalina.

— ¡Yo! ¡A la escuela! —exclamaba Martín—. Yo me iré a América o me iré a la guerra.

Catalina y la criada entraban por un sendero del jardín lleno de rosales y hacían ramos de flores. Martín las veía y contemplaba la presa, cuyas aguas brillaban al sol como perlas y se deshacían en espumas blanquísimas.

— Ya andaría por ahí, si tuviera una lancha —decía Martín.

Catalina protestaba.

— ¿No se te van a ocurrir más que tonterías siempre? ¿Por qué no eres como los demás chicos?

— Yo les pego a todos—contestaba Martín, como si esto fuera una razón.

... En la primavera, el camino próximo al río era una delicia. Las hojas nuevas de las hayas comenzaban a verdear, el helecho lanzaba al aire sus enroscados tallos, los manzanos y los perales de las huertas ostentaban sus copas nevadas por la flor y se oían los cantos de las malvices y de los ruiseñores en las enramadas. El cielo se mostraba azul, de un azul suave, un poco pálido y sólo alguna nube blanca, de contornos duros, como si fuera de mármol, aparecía en el cielo.

Los sábados por la tarde, durante la primavera y el verano, Catalina y otras chicas del pueblo, en compañía de alguna buena mujer, iban al campo santo. Llevaba cada una un cestito de flores, hacían una escobilla con los hierbajos secos, limpiaban el suelo de las lápidas en donde estaban enterrados los muertos de su familia y adornaban las cruces con rosas y con azucenas. Al volver hacia casa todas juntas, veían cómo en el cielo comenzaban a brillar las estrellas y escuchaban a los sapos, que lanzaban su misteriosa nota de flauta en el silencio del crepúsculo...

Muchas veces, en el mes de Mayo, cuando pasaban Tellagorri y Martín por la orilla del río, al cruzar por detrás de la iglesia, llegaba hasta ellos las voces de las niñas, que cantaban en el coro las flores de María.

Emenche gauzcatzu ama

(Aquí nos tienes, madre.)

Escuchaban un momento, y Martín distinguía la voz de Catalina, la chica de Ohando.

— Es *Cataliñ*, la de Ohando —decía Martín.

— Si no eres tonto tú, te casarás con ella —replicaba Tellagorri.

Y Martín se echaba a reír.

DE CÓMO MURIÓ MARTÍN LÓPEZ DE ZALACAÍN, EN EL AÑO DE GRACIA DE MIL CUATROCIENTOS Y DOCE.

Uno de los vecinos que con más frecuencia paseaba por la acera de la muralla era un señor viejo, llamado don Fermín Soraberri. Durante muchísimos años, don Fermín desempeñó el cargo de secretario del Ayuntamiento de Urbia, hasta que se retiró, cuando su hija se casó con un labrador de buena posición.

El señor don Fermín Soraberri era un hombre alto, grueso, pesado, con los párpados edematosos y la cara hinchada. Solía llevar una gorrita con dos cintas colgantes por detrás, una esclavina azul y zapatillas. La especialidad de don Fermín era la de ser distraído. Se olvidaba de todo. Sus relaciones estaban cortadas por este patrón:

— Una vez en Oñate... (para el señor Soraberri, Oñate era la Atenas moderna. — En España hay veinte o treinta Atenas modernas.) Una vez en Oñate pude presenciar una cosa sumamente interesante. Estábamos reunidos el señor vicario, un señor profesor de primera enseñanza y... —y el señor Soraberri miraba a todas partes, como espantado, con sus grandes ojos turbios, y decía:— ¿En qué iba?... Pues... se me ha olvidado la especie.

Al señor Soraberri siempre se le olvidaba la especie. Casi todos los días el exsecretario se encontraba con Tellagorri y cambiaban un saludo y algunas palabras acerca del tiempo y de la marcha de los árboles frutales. Al comenzar a verle acompañado de Martín, el señor Soraberri se extrañó y miraba al muchacho con su aire de elefante hinchado y reblandecido.

Pensó en dirigirle alguna pregunta, pero tardó varios días, porque el señor Soraberri era tardo en todo. Al último le dijo, con su majestuosa lentitud:

— ¿De quién es este niño, amigo Tellagorri?

— ¿Este chico? Es un pariente mío.

— ¿Algún Tellagorri?

— No; se llama Martín Zalacaín.

— ¡Hombre! ¡Hombre! Martín López de Zalacaín.

— — No, López no —dijo Tellagorri.

— Yo sé lo que me digo. Este niño se llama realmente Martín López de Zalacaín y será de ese caserío que está ahí cerca del portal de Francia.

— Sí, señor; de ahí es.

— Pues conozco su historia, y López de Zalacaín ha sido y López de Zalacaín será, y si quiere usted mañana vaya usted a mi casa y le leeré a usted un papel que copié del archivo del Ayuntamiento acerca de esa cuestión.

Tellagorri dijo que iría y, efectivamente, al día siguiente, pensando que quizá lo dicho por el exsecretario tuviese alguna importancia, se presentó con Martín en su casa.

Al señor Soraberri se le había olvidado la especie, pero recordó pronto de qué se trataba; encargó a su hija que trajese un vaso de vino para Tellagorri, entró él en su despacho y volvió poco después con unos papeles viejos en la mano; se puso los anteojos, carraspeó, revolvió sus notas, y dijo:

— ¡Ah! Aquí están. Esto —añadió— es una copia de una narración que hace el cronista Iñigo Sánchez de Ezpeleta acerca de cómo fué vertida la primera sangre en la guerra de los linajes, en Urbia, entre el solar de Ohando y el de Zalacaín, y supone que estas luchas comenzaron en nuestra villa a fines del siglo XIV o a principios del XV.

— ¿Y hace mucho tiempo de eso?—preguntó Tellagorri.

— Cerca de quinientos años.

— ¿Y ya existían Zalacaín entonces?

— No sólo existían, sino que eran nobles.

— Oye, oye —dijo Tellagorri dando un codazo a Martín, que se distraía.

— ¿Quieren ustedes que lea lo que dice el cronista?

— Sí, sí.

— Bueno. Pues dice así: «Título: De cómo murió Martín López de Zalacaín, en el año de gracia de mil cuatrocientos y
doce.»

Leído esto, Soraberri tosió, escupió y comenzó esta relación
con gran solemnidad:

«Enemistad antigua señalada avya entre el solar
d'Ohando, que es del reino de Navarra, é el de Zalacaín,
que es en tierra de la Borte. E dícese que la causa della
foe sobre envidia é a cual valía mas, é ficieron muchos
malheficios é los de Zalacaín quemaron vivo al senyor de
Sant Pedro en una pelea que ovyeron en el llano del Somo é porque no dexo fijo el dicho senyor de Sant Pedro
casaron una su fija con Martín López de Zalacaín, home
muy andariego.

E dicho Martín López seyendo venido a la billa d'Urbia
foe desafiado por Mosen de Sant Pedro, del solar
d'Ohando, que era sobrino del otro senyor de Sant Pedro
é que había fecho muchos malheficios, acechanzas é
rrobos.

E Martín López contestole a su desafiamiento: Como vos
sabedes yo so contado aquí por el mas esforzado ome y
ardite en el fecho de las armas en toda esta tierra y pa-
resce que los d'Ohando a vos han traído por la mejor lanza de Navarra por vengar la muertte de mi suegro que
foe en la pelea peleada con lealtad en el Somo é como el
cuibdaba matar a mi, yo a el.

E por ende si a vos pluguiese que nos probemos vos é yo,
uno para otro, fasta que uno de nos o ambos por ventura
muramos, a mi plasera mucho é aquí presto.

E respondiole Mosen de Sant Pedro que le plasia é se ci-
taron en el prado de Sant Ana. En esta sazon venya dicho Martín López encima de su cavallo como esforzado
cavallero é antes de pelear con Mosen de Sant Pedro foe
ferido de una saeta que le entró por un ojo é cayo muertto del cavallo en medio del prado. E lo desjarretaron. E
preparo la asechanza é armo la ballestta é la disparo Velche de Micolalde, deudo é amigo de Mosen de Sant Pedro d'Ohando. E los omes de Martín López como lo

veyeron muertto é eran pocos enfrente de los de Ohando, ovyeron muy grant miedo é comenzaron todos a fugir.

E cuando lo supo la muger de Martín López fué la triste al prado de Sant Ana, é cuando vido el cuerpo de su marido, sangriento y mutilado, se afinojó, prísole en sus brazos é comenzó a llorar, maldiciendo la guerra é su mala fortuna. E esto pataba en el año de Nuestro Senyor de mil cuatrociensos y doce.»

Cuando concluyó el señor Soraberri, miro a través de sus anteojos a sus dos oyentes. Martín no se había enterado de nada; Tellagorri dijo:

— Sí, esos Ohandos es gente *palsa*. Mucho ir a la iglesia, pero luego matan a traición.

Soraberri recomendó eficazmente a su amigo Tellagorri que no hiciera nunca juicios aventurados y temerarios, y con este motivo comenzó a contar una historia, precisamente ocurrida en Oñate, pero al ir a especificar los que habían intervenido en su historia, se le olvidó la especie, y lo sintió, verdaderamente lo sintió, porque, según dijo, tenía la seguridad de que el hecho era sumamente interesante y, además, muy digno de mención.

Capítulo **6**

DE CÓMO LLEGARON UNOS TITIRITEROS Y DE LO QUE SUCEDIÓ DESPUÉS

Un día de Mayo, al anochecer, se presentaron en el camino real tres carros, tirados por caballos flacos, llenos de mataduras y de esparavanes. Cruzaron la parte nueva del pueblo y se detuvieron en lo alto del prado de Santa Ana.

No podía Tellagorri, gaceta de la taberna de Arcale, quedar sin saber en seguida de qué se trataba; así que se presentó al momento en el lugar, seguido de «Marqués».

Trabó inmediatamente conversación con el jefe de la caravana, y después de varias preguntas y respuestas y de decir el hombre que era francés y domador de fieras, Tellagorri se lo llevó a la taberna de Arcale.

Martín se enteró también de la llegada de los domadores con sus fieras enjauladas, y a la mañana siguiente, al levantarse, lo primero que hizo fué dirigirse al prado de Santa Ana.

Comenzaba a salir el sol cuando llegó al campamento del domador.

Uno de los carros era la casa de los saltimbanquis. Acababan de salir de dentro el domador, su mujer, un viejo, un chico y una chica. Sólo una niña de pocos meses quedó en la carreta-choza jugando con un perro.

El domador no ofrecía ese aire, entre petulante y grotesco, tan común a los acróbatas de barracas y gentes de feria; era sombrío, joven, con aspecto de gitano, el pelo negro y rizoso, los ojos verdes, el bigote alargado en las puntas por una especie de patillas pequeñas y la expresión de maldad siniestra y repulsiva.

El viejo, la mujer y los chicos tenían sólo carácter de pobres, eran de esos tipos y figuras borrosas que el troquel de la miseria produce a millares.

El hombre, ayudado por el viejo y por el chico, trazó con una cuerda un círculo en la tierra y en el centro plantó un palo grande, de cuya punta partían varias cuerdas que se ataban en estacas clavadas fuertemente en el suelo.

El domador buscó a Tellagorri para que le proporcionara una escalera; le indicó éste que había una en la taberna de Arcale, la sacaron de allí y con ella sujetaron las lonas, hasta que formaron una tienda de campaña de forma cónica.

Los dos carros con jaulas en donde iban las fieras los colocaron dejando entre ellos un espacio que servía de puerta al circo, y encima y a los lados pusieron los saltimbanquis tres carteles pintarrajeados. Uno representaba varios perros lanzándose sobre un oso, el otro una lucha entre un león y un búfalo y el tercero unos indios atacando con lanzas a un tigre que les esperaba en la rama de un árbol como si fuera un jilguero.

Dieron los hombres la última mano al circo, y el domingo, en el momento en que la gente salía de vísperas, se presentó el domador seguido del viejo en la plaza de Urbia, delante de la iglesia. Ante el pueblo congregado, el domador comenzó a soplar en un cuerno de caza y su ayudante redobló en el tambor.

Recorrieron los dos hombres las calles del barrio viejo y luego salieron fuera de puertas, y tomando por el puente, seguidos de una turba de chicos y chicas llegaron al prado de Santa Ana, se acercaron a la barraca y se detuvieron ante ella.

A la entrada la mujer tocaba el bombo con la mano derecha y los platillos con la izquierda, y una chica desmelenada agitaba una campanilla. Uniéronse a estos sonidos discordantes las notas agudísimas del cuerno de caza y el redoble del tambor, produciendo entre todo una algarabía insoportable.

Este ruido cesó a una señal imperiosa del domador, que con su instrumento de viento en el brazo izquierdo se acercó a una escalera de mano próxima a la entrada, subió dos o tres peldaños, tomó una varita y señalando las monstruosas figuras pintarrajeadas en los lienzos, dijo con voz enfática:

— Aquí verán ustedes los osos, los lobos, el león y otras terribles fieras. Verán ustedes la lucha del oso de los Pirineos con los perros que saltan sobre él y acaban por sujetarle. Este es el león del desierto cuyos rugidos espantan al más bravo de los cazadores. Sólo su voz pone espanto en el corazón más valiente... ¡Oíd!

El domador se detuvo un momento y se oyeron en el interior de la barraca terribles rugidos, y como contestándolos, el ladrar feroz de una docena de perros.

El público quedó aterrorizado.

— En el desierto...

El domador iba a seguir, pero viendo que el efecto de curiosidad en el público estaba conseguido y que la multitud pretendía pasar sin tardanza al interior del circo, gritó:

— La entrada no cuesta más que un real. ¡Adelante, señores! ¡Adelante!

Y volvió a atacar con el cuerno de caza un aire marcial, mientras el viejo ayudante redoblaba en el tambor.

La mujer abrió la lona que cerraba la puerta y se puso a recoger los cuartos de los que iban pasando.

Martín presenció todas estas maniobras con una curiosidad creciente, hubiera dado cualquier cosa por entrar, pero no tenía dinero.

Buscó una rendija entre las lonas para ver algo, pero no la pudo encontrar; se tendió en el suelo y estaba así con la cara junto a la tierra cuando se le acercó la chica haraposa del domador que tocaba la campanilla a la puerta.

— Eh, tú ¿qué haces ahí?

— Mirar —dijo Martín.

— No se puede.

— ¿Y por qué no se puede?

— Porque no. Si no quédate ahí, ya verás si te pesca mi amo.

— ¿Y quién es tu amo?

— ¿Quién ha de ser? El domador.

— ¡Ah! ¿Pero tú eres de aquí?

— Sí

— ¿Y no sabes pasar?

— Si no dices a nadie nada ya te pasaré.

— Yo también te traeré cerezas.

— ¿De dónde?

— Yo sé donde las hay.

— ¿Cómo te llamas?

— Martín, ¿y tú?

— Yo, Linda.

— Así se llamaba la perra del médico —dijo poco galantemente Martín.

Linda no protestó de la comparación; fué detrás de la entrada del circo, tiró de una lona, abrió un resquicio, y dijo a Martín:

— Anda, pasa.

Se deslizó Martín y luego ella.

— ¿Cuando me darás las cerezas? —preguntó la chica.

— Cuando esto se concluya iré a buscarlas.

Martín se colocó entre el público. El espectáculo que ofrecía el domador de fieras era realmente repulsivo.

Alrededor del circo, atados a los pies de un banco hecho con tablas, había diez o doce perros flacos y sarnosos. El domador hizo restallar el látigo, y todos los perros a una comenzaron a ladrar y a aullar furiosamente. Luego el hombre vino con un oso atado a una cadena, con la cabeza protegida por una cubierta de cuero.

El domador obligó a ponerse de pie varias veces al oso, y a bailar con el palo cruzado sobre los hombros y a tocar la pandereta. Luego soltó un perro que se lanzó sobre el oso, y después de un momento de lucha se le colgó de la piel. Tras de éste soltó otro perro y luego otro y otro, con lo cual el público se comenzó a cansar.

A Martín no le pareció bien, porque el pobre oso estaba sin defensa alguna. Los perros se echaban con tal furia sobre el oso que para obligarles a soltar la presa el domador o el viejo tenían que morderles la cola. A Martín no le agradó el espectáculo y dijo en voz alta, y algunos fueron de su opinión, que el oso atado no podía defenderse.

Después todavía martirizaron más a la pobre bestia. El domador era un verdadero canalla y pegaba al animal en los dedos de las patas, y el oso babeaba y gemía con unos gemidos ahogados.

— ¡Basta! ¡Basta! —gritó un indiano que había estado en California.

— Porque tiene el oso atado hace eso —dijo Martín—, sino no lo haría.

El domador se fijó en el muchacho y le lanzó una mirada de odio.

Lo que siguió fué más agradable, la mujer del domador, vestida con un traje de lentejuelas, entró en la jaula del león, jugó con él, le hizo saltar y ponerse de pie, y después Linda dió dos o tres volatines y vino con un monillo vestido de rojo a quien obligó a hacer ejercicios acrobáticos.

El espectáculo concluía. La gente se disponía a salir. Martín vió que el domador le miraba. Sin duda se había fijado en él. Martín se adelantó a salir, y el domador le dijo:

— Espera, tú no has pagado. Ahora nos veremos. Te voy a echar los perros como al oso.

Martín retrocedió espantado; el domador le contemplaba con una sonrisa feroz. Martín recordó el sitio por donde entró y empujando violentamente la lona la abrió y salió fuera de la barraca. El domador quedó chasqueado. Dió después Martín la vuelta al prado de Santa Ana, hasta detenerse prudentemente a quince o veinte metros de la entrada del circo.

Al ver a Linda le dijo:

— ¿Quieres venir?

— No puedo.

— Pues ahora te traeré las cerezas.

En el momento que hablaban apareció corriendo el domador, pensó sin duda en abalanzarse sobre Martín, pero comprendiendo que no le alcanzaría se vengó en la niña y le dió una bofetada brutal. La chiquilla cayó al suelo. Unas mujeres se interpusieron é impidieron al domador siguiera pegando a la pobre Linda.

— Tó lo has metido dentro, ¿verdad? —gritó el domador en francés.

— No; ha sido él que ha entrado.

— Mentira. Has sido tú. Confiesa o te deslomo.

— Sí, he sido yo.

— ¿Y por qué?

— Porque me ha dicho que me traería cerezas.

— Ah, bueno —y el domador se tranquilizó—, que las traiga, pero si te las comes te hartaré de palos. Ya lo sabes.

Martín, al poco rato, volvió con la boina llena de cerezas. La Linda las puso en su delantal y estaba con ellas cuando se presentó el domador de nuevo. Martín se apartó dando un salto hacia atrás.

— No, no te escapes —dijo el domador con una sonrisa que quería ser amable.

Martín se quedó. Luego, el hombre le preguntó quién era, y él al saber su parentesco con Tellagorri, le dijo:

— Ven cuando quieras, te dejaré pasar.

Durante los demás días de la semana, la barraca del domador estuvo vacía. El domingo, los saltimbanquis hicieron dar un bando por el pregonero diciendo que representarían un número extraordinario é interesantísimo. Martín se lo dijo a su madre y a su hermana. La chica se asustaba al escuchar el relato de las fieras y no quiso ir.

Acudieron solo la madre y el hijo. El número sensacional era la lucha de la Linda con el oso. La chiquilla se presentó desnuda de medio cuerpo arriba y con unos pantalones de percal rojo. Linda se abrazó al oso y hacía que luchaba con él, pero el domador tiraba a cada paso de una cuerda atada a la nariz del plantígrado.

A pesar de que la gente pensaba que no había peligro para la niña, producía una horrible impresión ver las grandes y peludas garras del animal sobre las espaldas débiles de la niña.

Después del número sensacional que no entusiasmó al público, entró la mujer en la jaula del león.

La fiera debía estar enferma, porque la domadora no halló medio de que hiciese los ejercicios de costumbre.

Viendo semejante fracaso el domador, poseído de una rabiosa furia, entró en la jaula, mandó salir a la mujer y empezó a latigazos con el león. Este se levantó enseñando los dientes, y lanzando un rugido se echó sobre domador; el viejo ayudante metió, por entre los barrotes de la jaula, una palanca de hierro para aislar el hombre de la fiera, pero con tan poca fortuna, que la palanca se enganchó en las ropas del domador y en vez de protegerle le inmovilizó y le dejó entregado a la fiera.

El público vió al domador echando sangre, y se levantó despavorido y se dispuso a huir.

No había peligro para los espectadores, pero un pánico absurdo hizo que todos se lanzasen atropelladamente a la salida; alguien, que luego no se supo quién fué, disparó un tiro contra el león, y en aquel momento insensato de fuga resultaron magullados y contusos varias mujeres y niños.

El domador quedó también gravemente herido.

Dos mujeres fueron recogidas con contusiones de importancia, una de ellas, una vieja de un caserío lejano que hacía diez años que no había estado en Urbia, la otra, la madre de Martín, que además de las magulladuras y golpes, presentaba una herida en el cuello, ocasionada, según dijo el médico, por un trozo del barrote de la jaula, desprendido al choque de la bala disparada por una persona desconocida.

Se trasladó a la madre de Martín a su casa, y fuera que las contusiones y la herida tuviesen gravedad, fuera como dijeron algunos que no estuviese bien atendida, el caso fué que la pobre mujer murió a la semana del accidente de la barraca, dejando huérfanos a Martín y a la Ignacia.

Capítulo 7

CÓMO TELLAGORRI SUPO PROTEGER A LOS SUYOS

A la muerte de la madre de Martín, Tellagorri, con gran asombro del pueblo, recogió a sus sobrinos y se los llevó a su casa. La señora de Ohando dijo que era una lástima que aquellos niños fuesen a vivir con un hombre desalmado, sin religión y sin costumbres, capaz de decir que saludaba con más respeto a un perro de aguas que al señor párroco.

La buena señora se lamentó, pero no hizo nada, y Tellagorri se encargó de cuidar y alimentar a los huérfanos.

La Ignacia entró en la posada de Arcale de niñera y hasta los catorce años trabajó allí.

Martín frecuentó la escuela durante algunos meses, pero le tuvo que sacar Tellagorri antes del año porque se pegaba con todos los chicos y hasta quiso zurrar al pasante.

Arcale, que sabía que el muchacho era listo y de genio vivo, le utilizó para recadista en el coche de Francia, y cuando aprendió a guiar, de recadista le ascendieron a cochero interino y al cabo de un año le pasaron a cochero en propiedad.

Martín, a los diez y seis años, ganaba su vida y estaba en sus glorias. Se jactaba de ser un poco bárbaro y vestía un tanto majo, con la elegancia garbosa de los antiguos postillones. Llevaba chalecos de color, y en la cadena del reloj colgantes de plata. Le gustaba lucirse los domingos en el pueblo; pero no le gustaba menos los días de labor marchar en el pescante por la carretera restallando el látigo, entrar en las ventas del camino, contar y oír historias y llevar encargos.

La señora de Ohando y Catalina se los hacían con mucha frecuencia, y le recomendaban que les trajese de Francia telas, puntillas y algunas veces alhajas.

— ¿Qué tal, Martín? —le decía Catalina en vascuence.

— Bien —contestaba él rudamente, haciéndose más el hombre—. ¿Y en vuestra casa?

— Todos buenos. Cuando vayas a Francia, tienes que comprarme una puntilla como la otra. ¿Sabes?

— Sí, sí, ya te compraré.

— ¿Ya sabes francés?

— Ahora empiezo a hablar.

Martín se estaba haciendo un hombretón, alto, fuerte, decidido. Abusaba un poco de su fuerza y de su valor, pero nunca atacaba a los débiles. Se distinguía también como jugador de pelota y era uno de los primeros en el trinquete.

Un invierno hizo Martín una hazaña, de la que se habló en el pueblo. La carretera estaba intransitable por la nieve y no pasaba el coche. Zalacaín fué a Francia y volvió a pie, por la parte de Navarra, con un vecino de Larrau. Pasaron los dos por el bosque de Iraty y les acometieron unos cuantos jabalíes.

Ninguno de los hombres llevaba armas, pero a garrotazos mataron tres de aquellos furiosos animales, Zalacaín dos y el de Larrau otro.

Cuando Martín volvió triunfante, muerto de fatiga y con sus dos jabalíes, el pueblo entero le consideró como un héroe.

Tellagorri también fué muy felicitado por tener un sobrino de tanto valor y audacia. El viejo, muy contento, aunque haciéndose el indiferente, decía:

Este sobrino mío va a dar mucho que hablar. De casta le viene al galgo. Porque yo no sé si vosotros habréis oído hablar de López de Zalacaín. ¿No? Pues preguntadle a ese viejo Soraberri, ya veréis lo que os cuenta...

— ¿Y qué tiene que ver ese López con tu sobrino?— le replicaban.

— Pues que es antepasado de Martín. No comprendéis nada.

Tellagorri pagó caro el triunfo obtenido por su sobrino en la caza de los jabalíes, porque de tanto beber se puso enfermo.

La Ignacia y Martín, por consejo del médico, obligaron al viejo a que suprimiese toda bebida, fuese vino o licor; pero Tellagorri, con tal procedimiento de abstinencia, languidecía y se iba poniendo triste.

— Sin vino y sin *patharra* soy un hombre muerto —decía Tellagorri—; y, viendo que el médico no se convencía de esta verdad, hizo que llamaran a otro más joven.

Éste le dió la razón al borracho, y no sólo le recomendó que bebiera todos los días un poco de aguardiente, sino que le recetó una medicina hecha con ron. La Ignacia tuvo que guardar la botella del medicamento, para que el enfermo no se la bebiera de un trago. A medida que entraba el alcohol en el cuerpo de Tellagorri, el viejo se erguía y se animaba.

A la semana de tratamiento se encontraba tan bien, que comenzó a levantarse y a ir a la posada de Arcale, pero se creyó en el caso de hacer locuras, a pesar de sus años, y anduvo de noche entre la nieve y cogió una pleuresía.

— De esta no sale usted —le dijo el médico incomodado, al ver que había faltado a sus prescripciones.

Tellagorri lo comprendió así y se puso serio, hizo una confesión rápida, arregló sus cosas y, llamando a Martín, le dijo en vascuence:

— Martín, hijo mío, yo me voy. No llores. Por mí lo mismo me da. Eres fuerte y valiente y eres buen chico. No abandones a tu hermana, ten cuidado con ella. Por ahora, lo mejor que puedes hacer es llevarla a casa de Ohando. Es un poco coqueta; pero Catalina la tomará. No le olvides tampoco a «Marquesch»; es viejo, pero ha cumplido.

— No, no le olvidaré —dijo Martín sollozando.

— Ahora —prosiguió Tellagorri— te voy a decir una cosa y es que antes de poco habrá guerra. Tú eres valiente, Martín, tú no tendrás miedo de las balas. Vete a la guerra, pero no vayas de soldado. Ni con los blancos, ni con los negros. ¡Al comercio, Martín! ¡Al comercio! Venderás a los liberales y a los carlistas, harás tu pacotilla y te casarás con la chica de Ohando. Si tenéis un chico, llamadle como yo, Miguel, o José Miguel.

— Bueno —dijo Martín, sin fijarse en lo extravagante de la recomendación.

— Dile a Arcale —siguió diciendo el viejo— dónde tengo el tabaco y las setas. Ahora acércate más. Cuando yo me muera, registra mi jergón y encontrarás en esta punta de la izquierda un calcetín con unas monedas de oro. Ya te he dicho, no quiero que las emplees en tierras, sino en géneros de comercio.

— Así lo haré.

— Creo que te lo he dicho todo. Ahora dame la mano. Firmes, ¿eh?

— Firmes.

El pobre Tellagorri se olvido de decir *Pirmes*, como hubiera dicho estando sano.

— A esa sosa de la Ignacia —añadió poco después el viejo— le puedes dar lo que te parezca cuando se case.

A todo dijo Martín que sí. Luego acompañó al viejo, contestando a sus preguntas, algunas muy extrañas, y por la madrugada dejó de vivir Miguel de Tellagorri, hombre de mala fama y de buen corazón.

Capítulo 8

CÓMO AUMENTÓ EL ODIO ENTRE MARTÍN ZALACAÍN Y CARLOS OHANDO

Cuando murió Tellagorri, Catalina de Ohando, ya una señorita, habló a su madre para que recogiera a la Ignacia, la hermana de Martín. Era ésta, según se decía, un poco coqueta y estaba acostumbrada a los piropos de la gente de casa de Arcale.

La suposición de que la muchacha, siguiendo en la taberna, pudiese echarse a perder, influyó en la señora de Ohando para llevarla a su casa de doncella. Pensaba sermonearla hasta quitarla todos los malos resabios y dirigirla por la senda de la más estrecha virtud.

Con el motivo de ver a su hermana, Martín fué varias veces a casa de Ohando y habló con Catalina y doña Águeda. Catalina seguía hablándole de tú y doña Águeda manifestaba por él afecto y simpatía, expresados en un sin fin de advertencias y de consejos.

El verano se presentó Carlos Ohando, que venía de vacaciones del colegio de Oñate.

Pronto notó Martín que, con la ausencia, el odio que le profesaba Carlos más había aumentado que disminuido. Al comprobar este sentimiento de hostilidad, dejó de presentarse en casa de Ohando.

— No vas ahora a vernos —le dijo alguna vez que le encontró en la calle, Catalina.

— No voy, porque tu hermano me odia —contestó claramente Martín.

— No, no lo creas.

— ¡Bah! Yo sé lo que me digo.

El odio existía. Se manifestó primeramente en el juego de pelota.

Tenía Martín un rival en un chico navarro, de la Ribera del Ebro, hijo de un carabinero.

A este rival le llamaban *el Cacho*, porque era zurdo.

Carlos de Ohando y algunos condiscípulos suyos, carlistas que se las echaban de aristócratas, comenzaron a proteger al *Cacho* y a excitarlo y a lanzarlo contra Martín.

El Cacho tenía un juego furioso de hombre pequeño é iracundo; el juego de Martín, tranquilo y reposado, era del que está seguro de sí mismo. *El Cacho*, si comenzaba a ganar, se exaltaba, llevaba el partido al vuelo; en cambio, desanimado, no tiraba una pelota que no fuese falta.

Eran dos tipos, Zalacaín y *el Cacho*, completamente distintos; el uno, la serenidad y la inteligencia del montañés, el otro, el furor y el brío del ribereño.

Semejante rivalidad, explotada por Ohando y los señoritos de su cuerda, terminó en un partido que propusieron los amigos del *Cacho*. El desafío se concertó así; *el Cacho* é Isquiña, un jugador viejo de Urbia, contra Zalacaín y el compañero que éste quisiera tomar. El partido sería a cesta y a diez juegos.

Martín eligió como zaguero a un muchacho vasco francés que estaba de oficial en la panadería de Archipi y que se llamaba Bautista Urbide.

Bautista era delgado, pero fuerte, sereno y muy dueño de sí mismo.

Se apostó mucho dinero por ambas partes. Casi todo el elemento popular y liberal estaba por Zalacaín y Urbide; los señoritos, el sacristán y la gente carlista de los caseríos por *el Cacho*.

El partido constituyó un acontecimiento en Urbia; el pueblo entero y mucha gente de los alrededores se dirigió al juego de pelota a presenciar el espectáculo.

La lucha principal iba a ser entre los dos delanteros, entre Zalacaín y *el Cacho*. El *Cacho* ponía de su parte su nerviosidad, su furia, su violencia en echar la pelota baja y arrinconada; Zalacaín se fiaba en su serenidad, en su buena vista y en la fuerza de su brazo, que le permitía coger la pelota y lanzarla a lo lejos.

La montaña iba a pelear contra la llanura.

Comenzó el partido en medio de una gran expectación; los primeros juegos fueron llevados a la carrera por *el Cacho*, que tiraba las pelotas como balas unas líneas solamente por encima de la raya, de tal modo que era imposible recogerlas.

A cada jugada maestra del navarro, los señoritos y los carlistas aplaudían entusiasmados; Zalacaín sonreía, y Bautista le miraba con cierto mal disimulado pánico.

Iban cuatro juegos por nada, y ya parecía el triunfo del navarro casi seguro cuando la suerte cambió y comenzaron a ganar Zalacaín y su compañero.

Al principio, el Cacho se defendía bien y remataba el juego con golpes furiosos, pero luego, como si hubiese perdido el tono, comenzó a hacer faltas con una frecuencia lamentable y el partido se igualó.

Desde entonces se vió que el Cacho é Isquiña perdían el juego. Estaban desmoralizados. El Cacho se tiraba contra la pelota con ira, hacía una falta y se indignaba; pegaba con la cesta en la tierra enfurecido y echaba la culpa de todo a su zaguero.

Zalacaín y el vasco francés, dueños de la situación, guardaban una serenidad completa, corrían elásticamente y reían.

— Ahí, Bautista —decía Zalacaín—. ¡Bien!

— Corre, Martín —gritaba Bautista—. ¡Eso es!

El juego terminó con el triunfo completo de Zalacaín y de Urbide.

— ¡Viva gutarrac. (¡Vivan los nuestros!) —gritaron los de la calle de Urbia aplaudiendo torpemente.

Catalina sonrió a Martín y le felicitó varias veces.

— ¡Muy bien! ¡Muy bien!

— Hemos hecho lo que hemos podido —contestó él sonriente.

Carlos Ohando se acerco a Martín, y le dijo con mal ceño:

— El Cacho te juega mano a mano.

— Estoy cansado —contestó Zalacaín.

— ¿No quieres jugar?

— No. Juega tú si quieres.

Carlos, que había comprobado una vez mas la simpatía de su hermana por Martín, sintió avivarse su odio.

Había venido aquella vez Carlos Ohando de Oñate más sombrío, más fanático y más violento que nunca.

Martín sabía el odio del hermano de Catalina y, cuando lo encontraba por casualidad, huía de él, lo cual a Carlos le producía más ira y más furor.

Martín estaba preocupado, buscando la manera de seguir los consejos de Tellagorri y de dedicarse al comercio; había dejado su oficio de cochero y entrado con Arcale en algunos negocios de contrabando.

Un día, una vieja criada de casa de Ohando, chismosa y murmuradora, fué a buscarle y le contó que la Ignacia, su hermana, coqueteaba con Carlos, el señorito de Ohando.

Si doña Águeda lo notaba iba a despedir a la Ignacia, con lo cual el escándalo dejaría a la muchacha en una mala situación.

Martín, al saberlo, sintió deseos de presentarse a Carlos y de insultarle y desafiarle. Luego, pensando que lo esencial era evitar las murmuraciones, ideó varias cosas, hasta que al último le pareció lo mejor ir a ver a su amigo Bautista Urbide.

Había visto al vasco francés muchas veces bailando con la Ignacia y creía que tenía alguna inclinación por ella.

El mismo día que le dieron la noticia se presentó en la tahona de Archipi en donde Urbide trabajaba. Lo encontró al vasco francés desnudo de medio cuerpo arriba en la boca del horno.

— Oye, Bautista —le dijo.

— ¿Qué pasa?

— Te tengo que hablar.

— Te escucho —dijo el francés mientras maniobraba con la pala.

— ¿A ti te gusta la *Iñasi*, mi hermana?

— ¡Hombre!... sí. ¡Qué pregunta! —exclamó Bautista—. ¿Para eso vienes a verme?

— ¿Te casarías con ella?

— Si tuviera dinero para establecerme ya lo creo.

— ¿Cuánto necesitarías?

— Unos ochenta o cien duros.

— Yo te los doy.

— ¿Y por qué es esa prisa? ¿Le pasa algo a la Ignacia?

— No, pero he sabido que Carlos Ohando la está haciendo el amor. ¡Y como la tiene en su casa!...

— Nada, nada. Háblale tú y, si ella quiere, ya está. Nos casamos en seguida.

Se despidieron Bautista y Martín, y éste, al día siguiente, llamó a su hermana y le reprochó su coquetería y su estupidez. La Ignacia negó los rumores que habían llegado hasta su hermano, pero al último confesó que Carlos la pretendía, pero con buen fin.

— ¡Con buen fin! —exclamó Zalacaín—. Pero tú eres idiota, criatura.

— ¿Por qué?

— Porque te quiere engañar, nada mas.

— Me ha dicho que se casará conmigo.

— ¿Y tú le has creído?

— ¡Yo! Le he dicho que espere y que te preguntaré a ti, pero él me ha contestado que no quiere que te diga a ti nada.

— Claro. Porque yo echaría abajo sus planes. Te quiere engañar, y quiere deshonrarnos, y que el pueblo entero nos desprecie porque me odia a mí. Yo no te digo más que una cosa, que si pasa algo entre ese sacristán y tú, te despellejo a ti y a él, y le pego fuego a la casa, aunque me lleven a presidio para toda la vida.

La Ignacia se echó a llorar, pero cuando Martín le dijo que Bautista se quería casar con ella y que tenía dinero, se secaron pronto sus lágrimas.

— ¿Bautista quiere casarse?—preguntó la Ignacia asombrada.

— Sí.

— ¡Pero si no tiene dinero!

— Pues ahora lo ha encontrado.

La idea del casamiento con Bautista no soló consoló a la muchacha, sino que pareció ofrecerle un halagador porvenir.

— ¿Y qué quieres que haga? ¿Salir de la casa? —preguntó la Ignacia, secándose las lágrimas y sonriendo.

— No, por de pronto sigue ahí, es lo mejor, y dentro de unos días Bautista irá a ver a doña Águeda y a decirla que se casa contigo.

Se hizo lo acordado por los dos hermanos. En los días siguientes, Carlos Ohando vió que su conquista no seguía adelante, y el domingo, en la plaza, pudo comprobar que la Ignacia se inclinaba definitivamente del lado de Bautista. Bailaron la muchacha y el panadero toda la tarde con gran entusiasmo.

Carlos esperó a que la Ignacia se encontrara sola y la insultó y la echó en cara su coquetería y su falsedad. La muchacha, que no tenía gran inclinación por Carlos, al verle tan violento cobró por él desvío y miedo.

Poco después, Bautista Urbide se presentó en casa de Ohando, habló a doña Águeda, se celebró la boda, y Bautista y la Ignacia fueron a vivir a Zaro, un pueblecillo del país vasco francés.

Capítulo 9

CÓMO INTENTÓ VENGARSE CARLOS DE MARTÍN ZALACAÍN

Carlos Ohando enfermó de cólera y de rabia. Su naturaleza, violenta y orgullosa, no podía soportar la humillación de ser vencido; sólo el pensarlo le mortificaba y le corroía el alma.

Al intentar seducir Carlos a la Ignacia, casi podía más en él su odio contra Martín que su inclinación por la chica. Deshonrarle a ella y hacerle a él la vida triste, era lo que le encantaba. En el fondo, el aplomo de Zalacaín, su contento por vivir, su facilidad para desenvolverse, ofendían a este hombre sombrío y fanático.

Además, en Carlos la idea de orden, de categoría, de subordinación, era esencial, fundamental, y Martín intentaba marchar por la vida sin cuidarse gran cosa de las clasificaciones y de las categorías sociales.

Esta audacia ofendía profundamente a Carlos y hubiese querido humillarle para siempre, hacerle reconocer su inferioridad. Por otra parte, el fracaso de su tentativa de seducción le hizo más malhumorado y sombrío.

Una noche, aún no convaleciente de su enfermedad, producida por el despecho y la cólera, se levantó de la cama, en donde no podía dormir, y bajó al comedor.

Abrió una ventana y se asomó a ella. El cielo estaba sereno y puro. La luna blanqueaba las copas de los manzanos, cubiertos por la nieve de sus menudas flores. Los melocotoneros extendían a lo largo de las paredes sus ramas, abiertas en abanico, llenas de capullos. Carlos respiraba el aire tibio de la noche, cuando oyó un cuchicheo y prestó atención.

Estaba hablando su hermana Catalina, desde la ventana de su cuarto, con alguien que se encontraba en la huerta. Cuando

Carlos comprendió que era con Martín con quien hablaba, sintió un dolor agudísimo y una impresión sofocante de ira.

Siempre se había de encontrar enfrente de Martín. Parecía que el destino de los dos era estorbarse y chocar el uno contra el otro.

Martín contaba bromeando a Catalina la boda de Bautista y de la Ignacia, en Zaro, el banquete celebrado en casa del padre del vasco francés, el discurso del alcalde del pueblecillo...

Carlos desfallecía de cólera. Martín le había impedido conquistar a la Ignacia y deshonraba, además, a los Ohandos siendo el novio de su hermana, hablando con ella de noche. Sobre todo, lo que más hería a Carlos, aunque no lo quisiera reconocer, lo que más le mortificaba en el fondo de su alma era la superioridad de Martín, que iba y venía sin reconocer categorías, aspirando a todo y conquistándolo todo.

Aquel granuja de la calle era capaz de subir, de prosperar, de hacerse rico, de casarse con su hermana y de considerar todo esto lógico, natural... Era una desesperación.

Carlos hubiera gozado conquistando a la Ignacia, abandonándola luego, paseándose desdeñosamente por delante de Martín; y Martín le ganaba la partida sacando a la Ignacia de su alcance y enamorando a su hermana.

¡Un vagabundo, un ladrón, se la había jugado a él, a un hidalgo rico heredero de una casa solariega! Y lo que era peor, ¡esto no sería más que el principio, el comienzo de su carrera espléndida!

Carlos, mortificado por sus pensamientos, no prestó atención a lo que hablaban; luego oyó un beso, y poco después las ramas de un árbol que se movían.

Tras de esto, se vió bajar un hombre por el tronco de un árbol, se vió que cruzaba la huerta, montaba sobre la tapia y desaparecía.

Se cerró la ventana del cuarto de Catalina, y en el mismo momento Carlos se llevó la mano a la frente y pensó con rabia en la magnífica ocasión perdida. ¡Qué soberbio instante para concluir con aquel hombre que le estorbaba!

¡Un tiro a boca de jarro! Y ya aquella mala hierba no crecería más, no ambicionaría más, no intentaría salir de su clase. Si lo mataba, todo el mundo consideraría el suyo un caso de legítima defensa contra un salteador, contra un ladrón.

Al día siguiente, Carlos buscó una escopeta de dos cañones de su padre, la encontró, la limpió a escondidas y la cargó con perdigones loberos. Estuvo vacilando en poner cartuchos con bala, pero como era difícil hacer puntería de noche, optó por los perdigones gruesos.

Ni en aquella noche, ni en la siguiente, se presentó Martín, pero cuatro días después Carlos lo sintió en la huerta. Todavía no había salido la luna y esto salvó al salteador enamorado. Carlos impaciente, al oir el ruido de las hojas, apuntó y disparó.

Al fogonazo, vió a Martín en el tronco del árbol y volvió a disparar.

Se oyó un chillido agudo de mujer y el golpe de un cuerpo en el suelo. La madre de Carlos y las criadas, alarmadas salieron de sus cuartos gritando, preguntando lo que era. Catalina, pálida como una muerta, no podía hablar de emoción.

Doña Águeda, Carlos y las criadas salieron al jardín. Debajo del árbol, en la tierra y sobre la hierba húmeda, se veían algunas gotas de sangre, pero Martín había huído.

— No tenga usted cuidado, señorita —le dijo a Catalina una de las criadas—. Martín ha podido escapar.

La señora de Ohando, que se enteró de lo ocurrido por su hijo, llamó en su auxilio al cura don Félix para que le aconsejara.

Se intentó hacer comprender a Catalina el absurdo de su propósito, pero la muchacha era tenaz y estaba dispuesta a no ceder.

— Martín ha venido a darme noticias de la Ignacia, y como saben que no le quieren en la casa, por eso ha saltado la tapia.

Cuando Carlos supo que Martín estaba solamente herido en un brazo y que se paseaba vendado por el pueblo siendo el héroe, se sintió furioso, pero por si acaso, no se atrevió a salir a la calle.

Con el atentado, la hostilidad entre Carlos y Catalina, ya existente, se acentuó de tal manera, que doña Águeda, para evitar agrias disputas, envió de nuevo a Carlos a Oñate y ella se dedicó a vigilar a su hija.

Parte 2
Andanzas y correrías

Capítulo 1

EN EL QUE SE HABLA DE LOS PRELUDIOS DE LA ÚLTIMA GUERRA CARLISTA

Hay hombres para quienes la vida es de una facilidad extraordinaria. Son algo así como una esfera que rueda por un plano inclinado, sin tropiezo, sin dificultad alguna.

¿Es talento, es instinto o es suerte? Los propios interesados aseguran ser instinto o talento, sus enemigos dicen casualidad, suerte, y esto es más probable que lo otro, porque hay hombres excelentemente dispuestos para la vida, inteligentes, enérgicos, fuertes y que sin embargo, no hacen más que detenerse y tropezar en todo.

Un proverbio vasco dice: «El buen valor asusta a la mala suerte.» Y esto es verdad a veces... cuando se tiene buena suerte.

Zalacaín era afortunado; todo lo que intentaba lo llevaba bien. Negocios, contrabando, amores, juego...

Su ocupación principal era el comercio de caballos y de mulas que compraba en Dax y pasaba de contrabando por los Alduides o por Roncesvalles.

Tenía como socio a Capistun *el Americano*, hombre inteligentísimo, ya de edad, a quien todo el mundo llamaba el americano, aunque se sabía que era gascón. Su mote procedía de haber vivido en América mucho tiempo.

Bautista Urbide, antiguo panadero de la tahona de Archipe, formaba muchas veces parte de las expediciones. Lo mismo Capistun que Martín, tenían como punto de descanso el pueblo de Zaro, próximo a San Juan del Pie del Puerto, donde vivía la Ignacia con Bautista.

Capistun y Martín conocían, como pocos, los puertos de Ibantelly y de Atchuria, de Alcorrunz y de Larratecoeguia, toda la línea de Mugas de Zugarramurdi. Habían recorrido muchas veces los caminos que hay entre Meaca y Urdax, entre Izpegui y San Estéban de Baigorri, entre Biriatu y Enderlaza, entre Elorrieta, la Banca y Berdáriz. En casi todos los pueblos de la frontera vasco-navarra, desde Fuenterrabía hasta Valcarlos, tenían algún agente para sus negocios de contrabando. Conocían también, palmo a palmo, las veredas que van por las vertientes del monte Larrun y no había misterios para ellos hacia el lado Este de Navarra en esas praderas altas, metidas entre los bosques de Irati y de Ori.

La vida de Capistun y Martín era accidentada y peligrosa. Para Martín, la consigna del viejo Tellagorri era la norma de su vida. Cuando se encontraba en una situación apurada, cercado por los carabineros, cuando se perdía en el monte, en medio de la noche, cuando tenía que hacer un esfuerzo sobre sí mismo, recordaba la actitud y la voz del viejo al decir: ¡Firmes! ¡Siempre firmes! Y hacía lo necesario en aquel momento con decisión.

Tenía Martín serenidad y calma. Sabía medir el peligro y ver la situación real de las cosas sin exageraciones y sin alarmas. Para los negocios y para la guerra el hombre necesita ser frío.

Martín comenzaba a impregnarse del liberalismo francés y a encontrar atrasados y fanáticos a sus paisanos; pero, a pesar de esto, creía que don Carlos, en el instante que iniciase la guerra, conseguiría la victoria.

En casi todo el Mediodía de Francia se creía lo mismo.

El gobierno de la República, los subprefectos y demás funcionarios de la frontera española dejaban pasar a los facciosos; y en los coches de Elizondo, por los Alduides, por San Estéban de Baigorri, por Añoa, viajaban los jefes carlistas, con sus uniformes é insignias de mando.

Martín y Capistun, además de mulas y de caballos, habían llevado a diferentes puntos de Guipúzcoa y de Navarra, armas y materias necesarias para la fabricación de pólvora, cartuchos y proyectiles, y hasta llegaron a pasar por la frontera un cañón, de desecho de la guerra franco-prusiana, vendido por el Estado francés.

Los comités carlistas funcionaban a la vista de todo el mundo. Generalmente, Martín y Capistun se entendían con el de Bayona, pero algunas veces tuvieron que relacionarse con el de Pau.

Muchas veces habían dejado en manos de jóvenes carlistas, disfrazados de boyerizos, barricas llenas de armas. Los carlistas montaban las barricas en un carro y se internaban en España.

— Es vino de la Rioja —solían decir en broma, al llegar a los pueblos golpeando los toneles, y el alcalde y el secretario cómplices los dejaban pasar.

También solían cargar en carros, que cubrían de tejas, plomo en lingotes, que había de servir para fundir balas.

La alusión a la guerra próxima se notaba en una porción de indicios y señales. Curas, alcaldes y *jaunchos* [Nota: Jaunchos-caciques.] se preparaban. Muchas veces, al cruzar un pueblo, se oía una voz aguda como de Carnaval, que gritaba en vasco: ¿Noiz zuazté? (¿Cuándo os vais?) Lo que quería decir: ¿Cuándo os echáis al campo?

Se cantaba también en Guipúzcoa una canción en vascuence, que aludía a la guerra y que se llamaba Gu guerá (Nosotros somos). Era así:
<
div class="poem">

UNA VOZ
Bigarren chandan
aditutzendet
ate joca *dan dan*.
Ale onduan
norbait dago ta
galdezazu nor dan.

(Por segunda vez oigo que están llamando a la puerta, *dan, dan*. Junto a la puerta hay alguno. Pregunta quién es.)
<
div class="poem">

VARIAS VOCES
Ta gu guerá
Ta gu guerá
gabiltzanac
gora berá
etorri nayean onera.
Ta gu guerá

Ta gu guerá
Quirlis Carlos
Carlos Quirlis
Ecarri nayean onerá.

(Nosotros somos, nosotros somos los que andamos de arriba a abajo queriendo venir aquí. Nosotros somos, nosotros somos Quirlis Carlos, Carlos Quirlis, queriéndole traer aquí.)

Y mientras en las provincias se organizaba y preparaba una guerra feroz y sangrienta, en Madrid, políticos y oradores se dedicaban con fruición a los bellos ejercicios de la retórica.

***

Un día de Mayo fueron Martín, Capistun y Bautista a Vera. La señora de Ohando tenía una casa en el barrio de Alzate y había ido a pasar allí una temporada.

Martín quería hablar con su novia, y Capistun y Bautista le acompañaron. Salieron de Sara y marcharon por el monte a Alzate.

Martín contaba con una de las criadas de Ohando, partidaria suya, y ésta le facilitaba el poder hablar con Catalina. Mientras Martín quedó en Alzate, Capistun y Bautista entraron en Vera.

En aquel mismo momento, don Carlos de Borbón, el pretendiente, llegaba rodeado de un Estado Mayor de generales carlistas y de algunos vendeanos franceses.

Se leyó una alocución patriótica, y después don Carlos, repitiendo el final de la alocución, exclamó:

— Hoy dos de Mayo. ¡Día de fiesta *nasional*! ¡Abaco *el extranquero*!

El *extranquero* era Amadeo de Saboya.

Capistun y Bautista anduvieron entre los grupos. Se decía que uno de aquellos caballeros era Cathelineau, el descendiente del célebre general vendeano; se señalaba también al conde de Barrot y a un marqués navarro.

Cuando llegó Martín a Vera se encontró la plaza llena de carlistas; Bautista le dijo:

— La guerra ha empezado.

Martín se quedó pensativo.

Volvieron Martín, Capistun y Bautista a Francia. Bautista gritaba irónicamente a cada paso: —¡Abaco el extranquero! —Zalacaín pensaba en el giro que tomaría aquella guerra así iniciada y en lo que podría influir en sus amores con Catalina.

Capítulo 2

CÓMO MARTÍN, BAUTISTA Y CAPISTUN PASARON UNA NOCHE EN EL MONTE

Una noche de invierno marchaban tres hombres con cuatro magníficas mulas cargadas con grandes fardos. Salidos de Zaro por la tarde, se dirigían hacia los altos del monte Larrun.

Costeando un arroyo que bajaba a unirse con la Nivelle y cruzando prados, llegaron a una borda, donde se detuvieron a cenar.

Los tres hombres eran Martín Zalacaín, Capistun el gascón y Bautista Urbide. Llevaban una partida de uniformes y de capotes.

El alijo iba consignado a Lesaca, en donde lo recogerían los carlistas.

Después de cenar en la borda, los tres hombres sacaron las mulas y continuaron el viaje subiendo por el monte Larrun.

Era la noche fría, comenzaba a nevar. En los caminos y sendas, llenos de lodo, se resbalaban los pies; a veces una mula entraba en un charco hasta el vientre y a fuerza de fuerzas se lograba sacarla del aprieto.

Los animales llevaban mucho peso. Era preciso seguir el camino largo, sin utilizar las veredas, y la marcha se hacía pesada. Al llegar a la cumbre y al entrar en el puerto de Ibantelly, les sorprendió a los viandantes una tempestad de viento y de nieve.

Se encontraban en la misma frontera. La nieve arreciaba; no era fácil seguir adelante. Los tres hombres detuvieron las mulas, y mientras quedaba Capistun con ellas, Martín y Bautista se echaron uno a un lado y el otro al otro, para ver si encontraban cerca algún refugio, cabaña o choza de pastor.

Zalacaín vió a pocos pasos una casucha de carabineros cerrada.

— ¡Eup! ¡Eup! —gritó.

No contestó nadie.

Martín empujó la puerta, sujeta con un clavo, y entró dentro del chozo. Inmediatamente corrió a dar parte a los amigos de su descubrimiento. Los fardos que llevaban las mulas tenían mantas, y extendiéndolas y sujetándolas por un extremo en la choza de los carabineros y por otro en unas ramas, improvisaron un cobertizo para las caballerías.

Puestas en seguridad la carga y las mulas, entraron los tres en la casa de los carabineros y encendieron una hermosa hoguera. Bautista fabricó en un momento, con fibras de pino, una antorcha para alumbrar aquel rincón.

Esperaron a que pasara el temporal y se dispusieron los tres a matar el tiempo junto a la lumbre. Capistun llevaba una calabaza llena de aguardiente de Armagnac y, mezclándolo con agua que calentaron, bebieron los tres.

Luego, como era natural, hablaron de la guerra. El carlismo se extendía y marchaba de triunfo en triunfo. En Cataluña y en el país vasco-navarro iba haciendo progresos. La República española era una calamidad. Los periódicos hablaban de asesinatos en Málaga, de incendios en Alcoy, de soldados que desobedecían a los jefes y se negaban a batirse. Era una vergüenza.

Los carlistas se apoderaban de una porción de pueblos abandonados por los liberales. Habían entrado en Estella.

En las dos orillas del Bidasoa, lo mismo en la frontera española que en la francesa, se sentía un gran entusiasmo por la causa del Pretendiente.

Capistun y Bautista señalaron sus conocidos alistados ya en la facción. La mayoría eran mozos, pero no faltaban tampoco los viejos. Los fueron citando.

Allá estaban Juan Echeberrigaray, de Espeleta; Tomás Albandos, de Añoa; el herrero Lerrumburo, de Zaro; Echebarría, de Irisarri; Galparzasoro, el alpargatero de Urruña; Mearuberry, el carnicero de Ostabat, Miguel Larralde, el de Azcain; Carricaburo, el mozo de un caserío de Arhamus; Chaubandidegui, el hijo del confitero de Azcarat; Peyrohade y Lafourchette, los dos mozos del bazar de Hasparren.

— ¡Valientes granujas!—murmuró Martín, que escuchaba.

Capistun y Bautista siguieron su enumeración. Estaban también Bordagorri, el de Meharín; Achucarro, de Urdax;

Etchehun, el versolari de Chacxu; Gañecoechia, de Osses; Bishiño, de Azparrain, Listurria, de Briscus; Rebenacq, de Pourtalés; el propietario de Saint Palais con el barón Lesbas d'Armagnac, de Mauleon; Detchesarry, el sacristán de Biriatu; Guibeleguieta, de Barcus; Iturbide, de Hendaya; Echemendi, el minero de Articuza; Chocoa, el cantero de San Estéban de Baigorri; Garraiz, el cazador de palomas de Echalar; Setoain, el leñador de Esterensuby; Isuribere, el pastor de Urepel; y Chiquierdi, el de Zugarramurdi.

Los vascos, siguiendo las tendencias de su raza, marchaban a defender lo viejo contra lo nuevo. Así habían peleado en la antigüedad contra el romano, contra el godo, contra el árabe, contra el castellano, siempre a favor de la costumbre vieja y en contra de la idea nueva.

Estos aldeanos y viejos hidalgos de Vasconia y de Navarra, esta semiaristocracia campesina de las dos vertientes del Pirineo, creía en aquel Borbón, vulgar extranjero y extranjerizado, y estaban dispuestos a morir para satisfacer las ambiciones de un aventurero tan grotesco.

Los legitimistas franceses se lo figuraban como un nuevo Enrique IV; y como de allí, del Bearn, salieron en otro tiempo los Borbones para reinar en España y en Francia, soñaban con que Carlos VII triunfaría en España, acabaría con la maldita República Francesa, daría fueros a Navarra, que sería el centro del mundo y, además, restablecería el poder político del Papa en Roma.

Zalacaín se sentía muy español y dijo que los franceses eran unos cochinos, porque debían hacer la guerra en su tierra, si querían.

Capistun, como buen republicano, afirmó que la guerra en todas partes era una barbaridad.

— Paz, paz es lo que se necesita —añadió el gascón—; paz para poder trabajar y vivir.

— ¡Ah, la paz! —replicó Martín contradiciéndole—; es mejor la guerra.

— No, no —repuso Capistun—. La guerra es la barbarie nada más.

Discutieron el asunto; el gascón, como más ilustrado, aducía mejores argumentos, pero Bautista y Martín replicaban:

— Sí, todo eso es verdad, pero también es hermosa la guerra.

Y los dos vascos especificaron lo que ellos consideraban como hermosura. Ambos guardaban en el fondo de su alma un sueño cándido y heroico, infantil y brutal. Se veían los dos por los montes de Navarra y de Guipúzcoa al frente de una partida, viviendo siempre en acecho, en una continua elasticidad de la voluntad, atacando, huyendo, escondiéndose entre las matas, haciendo marchas forzadas, incendiando el caserío enemigo...

¡Y qué alegrías! ¡Qué triunfos! Entrar en las aldeas a caballo, la boina sobre los ojos, el sable al cinto, mientras las campanas tocan en la iglesia. Ver, al huir de una fuerza mayor, cómo aparece, entre el verde de las heredades, el campanario de la aldea donde se tiene el asilo; defender una trinchera heroicamente y plantar la bandera entre las balas que silban; conservar la serenidad mientras las granadas caen, estallando a pocos pasos, y caracolear en el caballo delante de la partida, marchando todos al compás del tambor...

¡Qué emociones debían de ser aquéllas! Y Bautista y Martín soñaban con el placer de atacar y de huir, de bailar en las fiestas de los pueblos y de robar en los Ayuntamientos, de acechar y de escapar por los senderos húmedos y dormir en una borda sobre una cama de hierba seca...

— ¡Barbarie! ¡Barbarie! —replicaba a todo esto el gascón.

— ¡Que barbarie! —exclamó Martín—. ¿Se ha de estar siempre hecho un esclavo, sembrando patatas o cuidando cerdos? Prefiero la guerra.

— ¿Y por qué prefieres la guerra? Para robar.

— No hables, Capistun, que eres comerciante.

— ¿Y qué?

— Que tú y yo robamos con el libro de cuentas. Entre robar en el camino, o robar con el libro de cuentas, prefiero a los que roban en el camino.

— Si el comercio fuera un robo, no habría sociedad —repuso el gascón.

— ¿Y qué?—dijo Martín.

— Que acabarían las ciudades.

— Para mí las ciudades están hechas por miserables y sirven para que las saqueen los hombres fuertes —dijo Martín con violencia.

— Eso es ser enemigo de la Humanidad.

Martín se encogió de hombros.

Poco después de media noche, la nieve comenzó a cesar y Capistun dió la orden de marcha. El cielo había quedado estrellado. Los pies se hundían en la nieve y se sentía un silencio de muerte.

— *Cantats, amics* —dijo el gascón, a quien tanta tristeza y tanto reposo imponían.

— No nos vayan a oir —advirtió Bautista.

— ¡Ca! —y el gascón cantó:

¡Oan! ¡Oan! lus de deuan
lus de darrer que seguirán.
Lus de darrer oan, oan,
que seguirán a trot de can.

(¡Adelante! Adelante, los de delante y los de atrás que seguirán. Los de atrás, adelante, adelante, que seguirán al trote de can!)

Era esta una vieja canción gascona para medir la marcha; muy buena para el llano, pero poco oportuna en aquellos vericuetos.

Bautista, animado por el ejemplo del gascón, cantó un zortzico vasco francés, que decía así:

Gau erdi da
errico orenean
iñon ez da
arguiric lurrean
ez diteque
mendian adi deuzic
aicearen
arrabotza baicic.

(Es media noche en el reloj del pueblo, en ninguna parte hay luz, en la tierra; no se puede, en el monte, oir más que el rumor estruendoso del viento.)

La canción de Bautista era de una salvaje melancolía; Martín lanzó un grito, el *irrintzi*, como una larga carcajada, o un relincho salvaje terminado en una risa burlona. Capistun, como protestando, cantó:

Del castelet a l'aube
sort Isabeu,
es blanquette sa raube
como la neu.

(Del castillete, al alba, sale Isabel; es blanquita su ropa como la nieve.)

A Martín y a Bautista no les gustaban las canciones del gascón que les parecían empalagosas, y a éste tampoco las de sus amigos, a las cuales encontraba siniestras. Discutieron acerca de las excelencias de sus respectivos países, pasando de los cantos populares a hablar de las costumbres y de la riqueza.

Iba a amanecer; comenzaban a acercarse a Vera, cuando se oyeron a lo lejos varios tiros.

— ¿Qué pasa aquí? —se preguntaron.

Tras de un instante se volvieron a oir nuevos tiros y un lejano sonido de campanas.

— Hay que ver lo que es.

Decidieron como más práctico que Capistun, con las cuatro mulas, se volviera y se encaminara despacio hacia la choza de carabineros donde habían pasado la noche. Si no ocurría nada en Vera, Bautista y Zalacaín retornarían inmediatamente. Si en dos horas no estaban allá, Capistun debía ganar la frontera y refugiarse en Francia: en Biriatu, en Zaro, donde pudiese.

Las mulas volvieron de nuevo camino del puerto, y Zalacaín y su cuñado comenzaron a bajar del monte en línea recta, saltando, deslizándose sobre la nieve, a riesgo de despeñarse. Media hora después, entraban en las calles de Alzate, cuyas puertas se veían cerradas.

Llamaron en una posada conocida. Tardaron en abrir, y al último el posadero, amedrentado, se presentó en la puerta.

— ¿Qué pasa? —preguntó Zalacaín.

— Que ha entrado en Vera otra vez la partida del Cura.

Bautista y Martín sabían la reputación del Cura y su enemistad con algunos generales carlistas y convinieron en que era peligroso llevar el alijo a Vera o a Lesaca, mientras anduvieran por allí las gentes del ensotanado cabecilla.

— Vamos en seguida a darle el aviso a Capistun —dijo Bautista.

— Bueno, vete tú —repuso Martín— yo te alcanzo en seguida.

— ¿Qué vas a hacer?

— Voy a ver si veo a Catalina.

— Yo te esperaré.

Catalina y su madre vivían en una magnífica casa de Alzate. Llamó Martín en ella, y a la criada, que ya le conocía, la dijo:

— ¿Está Catalina?

— Sí... Pasa.

Entró en la cocina. Era ésta grande y espaciosa y algo obscura. Alrededor de la ancha campana de la chimenea colgaba una tela blanca planchada, sujeta por clavos. Del centro de la campana bajaba una gruesa cadena negra, en cuyo garfio final se enganchaba un caldero. A un lado de la chimenea, había un banquillo de piedra, sobre el cual estaban en fila tres herradas con los aros de hierro brillantes, como si fueran de plata. En las paredes se veían cacerolas de cobre rojizo y todos los chismes de la cocina de la casa, desde las sartenes y cucharas de palo, hasta el calentador, que también figuraba colgado en la pared como parte integrante de la batería de cocina.

Aquel orden parecía algo absurdo y extraordinario, contrastado con la agitación exterior.

La criada había subido la escalera y, tras de algún tiempo, bajó Catalina envuelta en un mantón.

— ¿Eres tú? —dijo sollozando.

— Sí, ¿qué pasa?

Catalina, llorando, contó que su madre estaba muy enferma, su hermano se había ido con los carlistas y a ella querían meterla en un convento.

— ¿A dónde te quieren llevar?

— No sé, todavía no se ha decidido.

— Cuando lo sepas, escríbeme.

— Sí, no tengas cuidado. Ahora vete, Martín, porque mi madre habrá oído que estamos hablando y, como ha sentido los tiros hace poco, está muy alarmada.

Efectivamente, se oyó poco después una voz débil que exclamaba:

— ¡Catalina! ¡Catalina! ¿Con quién hablas?

Catalina tendió la mano a Martín, quien la estrechó en sus brazos. Ella apoyó la cabeza en el hombro de su novio y, viendo que la volvían a llamar subió la escalera. Zalacaín la contempló absorto y luego abrió la puerta de la casa, la cerró despacio y, al encontrarse en la calle, se vió con un espectáculo inesperado. Bautista discutía a gritos con tres hombres armados, que no parecían tener para él muy buenas disposiciones.

— ¿Qué pasa? —preguntó Martín.

Pasaba, sencillamente, que aquellos tres individuos eran de la partida del Cura y habían presentado a Bautista Urbide este sencillo dilema:

«O formar parte de la partida o quedar prisionero y recibir además, de propina, una tanda de palos.»

Martín iba a lanzarse a defender a su cuñado cuando vió que a un extremo de la calle aparecían cinco o seis mozos armados. En el otro esperaban diez o doce. Con su rápido instinto de comprender la situación, Martín se dió cuenta de que no había más remedio que someterse y dijo a Bautista, en vascuence, aparentando gran jovialidad:

— ¡Qué demonio, Bautista! ¿No querías tú entrar en una partida? ¿No somos carlistas? Pues ahora estamos a tiempo.

Uno de los tres hombres, viendo como se explicaba Zalacaín, exclamó satisfecho:

— ¡Arrayua! Este es de los nuestros. Venid los dos.

El tal hombre era un aldeano alto, flaco, vestido con un uniforme destrozado y una pipa de barro en la boca. Parecía el jefe y le llamaban Luschía.

Martín y Bautista siguieron a los mozos armados, pasaron de Alzate a Vera y se detuvieron en una casa, en cuya puerta había un centinela.

— ¡Bajadlos! ¡Bajadlos! —dijo Luschía a su gente.

Cuatro mozos entraron en el portal y subieron por la escalera.

Luschía, mientras tanto, preguntó a Martín:

— ¿Vosotros de dónde sois?

— De Zaro.

— ¿Sois franceses?

— Sí —dijo Bautista.

Martín no quiso decir que él no lo era, sabiendo que el decir que era francés podía protegerle.

— Bueno, bueno —murmuró el jefe.

Los cuatro aldeanos de la partida que habían entrado en la casa trajeron a dos viejos.

— ¡Atadlos! —dijo Luschía, el aldeano de la pipa.

Sacaron a la calle un tambor de regimiento y un cesto, y a los dos viejos los ataron.

— ¿Qué es lo que han hecho? —preguntó Martín a uno de la partida que llevaba una boina a rayas.

— Que son traidores —contestó éste.

El uno era un maestro de escuela y el otro un expartidario de la guerrilla del Cura.

Cuando estuvieron las dos víctimas atadas y con las espaldas desnudas, el ejecutor de la justicia, el mozo de la boina a rayas, se remangó el brazo y cogió una vara.

El maestro de escuela, suplicante, imploró:

— ¡Pero si todos somos unos!

El exguerrillero no dijo nada.

No hubo apelación ni misericordia. Al primer golpe, el maestro de escuela perdió el sentido; el otro, el antiguo lugarteniente del Cura, calló y comenzó a recibir los palos con un estoicismo siniestro.

Luschía se puso a hablar con Zalacaín. Este le contó una porción de mentiras. Entre ellas le dijo que él mismo había guardado cerca de Urdax, en una cueva, más de treinta fusiles modernos. El hombre oía y, de cuando en cuando, volviéndose al ejecutor de sus órdenes, decía con voz gangosa: ¡Jo! ¡Jo! (Pega, pega).

Y volvía a caer la vara cobre las espaldas desnudas.

Capítulo 3

DE ALGUNOS HOMBRES DECIDIDOS QUE FORMABAN LA PARTIDA DEL CURA

Concluída la paliza, Luschía dió la orden de marcha, y los quince o veinte hombres tomaron hacia Oyarzun, por el camino que pasa por la Cuesta de la Agonía.

La partida iba en dos grupos; en el primero marchaba Martín y en el segundo Bautista.

Ninguno de la partida tenía mal aspecto ni aire patibulario. La mayoría parecían campesinos del país; casi todos llevaban traje negro, boina azul pequeña y algunos, en vez de botas, calzaban abarcas con pieles de carnero, que les envolvían las piernas.

Luschía, el jefe, era uno de los tenientes del Cura y además capitaneaba su guardia negra. Sin duda, gozaba de la confianza del cabecilla. Era alto, huesudo, de nariz fenomenal, enjuto y seco.

Tenía Luschía una cara que siempre daba la impresión de verla de perfil, y la nuez puntiaguda.

Parecía buena persona hasta cierto punto, insinuante y jovial. Consideraba, sin duda, una magnífica adquisición la de Zalacaín y Bautista, pero desconfiaba de ellos y, aunque no como prisioneros, los llevaba separados y no les dejaba hablar a solas.

Luschía tenía también sus lugartenientes; Praschcu, Belcha y el Corneta de Lasala. Praschcu era un mocetón grueso, barbudo, sonriente y rojo, que, a juzgar por sus palabras, no pensaba más que en comer y en beber bien. Durante el camino no habló más que de guisos y de comidas, de la cena que le quitaron al cura de tal pueblo o al maestro de escuela de tal otro, del cordero asado que comieron en este caserío y de las botellas de sidra que encontraron en una taberna. Para Praschcu la guerra no era más que una serie de comilonas y de borracheras.

Belcha y el Corneta de Lasala iban acompañando a Bautista.

A Belcha (el negrito) le llamaban así por ser pequeño y moreno; el Corneta de Lasala ostentaba una cicatriz violácea que le cruzaba la frente. Su apodo procedía de su oficio de capataz de los que dan la señal para el comienzo y el paro del trabajo con una bocina.

Los de la partida llegaron a media noche a Arichulegui, un monte cercano a Oyarzun, y entraron en una borda próxima a la ermita.

Esta borda era la guarida del Cura. Allí estaba su depósito de municiones.

El cabecilla no estaba. Guardaba la borda un retén de unos veinte hombres. Se hizo pronto de noche. Zalacaín y Bautista comieron un rancho de habas y durmieron sobre una hermosa cama de heno seco.

Al día siguiente, muy de mañana, sintieron los dos que les despertaban de un empujón; se levantaron y oyeron la voz de Luschía:

— Hala. Vamos andando.

Era todavía de noche; la partida estuvo lista en un momento. Al mediodía se detuvieron en Fagollaga y al anochecer llegaban a una venta próxima a Andoain, en donde hicieron alto. Entraron en la cocina. Según dijo Luschía, allí se encontraba el Cura.

Efectivamente, poco después, Luschía llamó a Zalacaín y a Bautista.

— Pasad —les dijo.

Subieron por la escalera de madera hasta el desván y llamaron en una puerta.

— ¿Se puede? —preguntó Luschía.

— Adelante.

Zalacaín, a pesar de ser templado, sintió un ligero estremecimiento en todo el cuerpo, pero se irguió y entró sonriente en el cuarto. Bautista llevaba el ánimo de protestar.

— Yo hablaré —dijo Martín a su cuñado— tu no digas nada.

A la luz de un farol, se veía un cuarto, de cuyo techo colgaban mazorcas de maíz, y una mesa de pino, a la cual estaban sentados dos hombres. Uno de ellos era el Cura, el otro su teniente, un cabecilla conocido por el apodo de *el Jabonero.*

— Buenas noches —dijo Zalacaín en vascuence.

— Buenas noches —contestó *el Jabonero* amablemente.

El cura no contestó. Estaba leyendo un papel.

Era un hombre regordete, más bajo que alto, de tipo insignificante, de unos treinta y tantos años. Lo único que le daba carácter era la mirada, amenazadora, oblicua y dura.

Al cabo de algunos minutos, el cura levantó la vista y dijo:

— Buenas noches.

Luego siguió leyendo.

Había en todo aquello algo ensayado para infundir terror. Zalacaín lo comprendió y se mostró indiferente y contempló sin turbarse al cura. Llevaba éste la boina negra inclinada sobre la frente, como si temiera que le mirasen a los ojos; gastaba barba ya ruda y crecida, el pelo corto, un pañuelo en el cuello, un chaquetón negro con todos los botones abrochados y un garrote entre las piernas.

Aquel hombre tenía algo de esa personalidad enigmática de los seres sanguinarios, de los asesinos y de los verdugos; su fama de cruel y de bárbaro se extendía por toda España. Él lo sabía y, probablemente, estaba orgulloso del terror que causaba su nombre. En el fondo era un pobre diablo histérico, enfermo, convencido de su misión providencial. Nacido, según se decía, en el arroyo, en Elduayen, había llegado a ordenarse y a tener un curato en un pueblecito próximo a Tolosa. Un día estaba celebrando misa, cuando fueron a prenderle. Pretextó el cura el ir a quitarse los hábitos y se tiró por una ventana y huyó y empezó a organizar su partida.

Aquel hombre siniestro se encontró sorprendido ante la presencia y la serenidad de Zalacaín y de Bautista, y sin mirarles les preguntó:

— ¿Sois vascongados?

— Sí —dijo Martín avanzando.

— ¿Qué hacíais?

— Contrabando de armas.

— ¿Para quién?

— Para los carlistas.

— ¿Con qué comité os entendíais?

— Con Bayona.

— ¿Qué fusiles habéis traído?

— Berdan y Chassepot.

— ¿Es verdad que tenéis armas escondidas cerca de Urdax?

— Ahí y en otros puntos.

— ¿Para quién las traíais?

— Para los navarros.

— Bueno. Iremos a buscarlas. Si no las encontramos, os fusilaremos.

— Está bien —dijo fríamente Zalacaín.

— Marcháos —repuso el cura, molesto por no haber intimidado a sus interlocutores.

Al salir, en la escalera, el Jabonero se acercó a ellos.

Éste tenía aspecto de militar, de hombre amable y bien educado.

Había sido guardia civil.

— No temáis —dijo—. Si cumplís bien, nada os pasará.

— Nada tememos —contestó Martín.

Fueron los tres a la cocina de la posada, y el Jabonero se mezcló entre la gente de la partida, que esperaba la cena.

Se reunieron en la misma mesa el Jabonero, Luschía, Belcha, el corneta de Lasala y uno gordo, a quien llamaban Anchusa.

El Jabonero no quiso aceptar en la mesa a Praschcu, porque dijo que si a aquel bárbaro le ponían a comer al principio, no dejaba nada a los demás.

Con este motivo, un muchacho joven, exseminarista, apellidado Dantchari y conocido también por el mote de el Estudiante, que formaba parte de la partida, recordó la canción de Vilinch, que se llama la Canción del Potaje, y, como en ella el autor se burla de un cura tragón, tuvo que cantarla en voz baja, para que no se enterara el cabecilla.

El posadero trajo la cena y una porción de botellas de vino y de sidra, y, como la caminata desde Arichulegui hasta allá les había abierto el apetito, se lanzaron sobre las viandas como fieras hambrientas.

Estaban cenando, cuando llamaron a la puerta:

— ¿Quién va? —dijo el posadero.

— Yo. Un amigo —contestaron de fuera.

— ¿Quién eres tú?

— Ipintza, el Loco.

— Pasa.

Se abrió la puerta y entró un viejo mendigo envuelto en una anguarina parda, con una de las mangas atadas y convertida en bolsillo. Dantchari el *Estudiante* le conocía y dijo que era un vendedor de canciones a quien tenían por loco, porque cantaba y bailaba recitándolas.

Se sentó Ipintza, *el Loco*, a la mesa y le dió el posadero las sobras de la cena. Luego se acercó al grupo que formaban los hombres de la partida alrededor de la chimenea.

— ¿No queréis alguna canción? —dijo.

— ¿Qué canciones tienes? —le preguntó *el Estudiante*.

— Tengo muchas. La de la mujer que se queja del marido, la del marido que se queja de la mujer, Pello Joshepe...

— Todo eso es viejo.

— También tengo Hurra Pepito y la canción entre amo y criado.

— Ese es liberal —dijo Dantchari.

— No sé —contestó Ipintza, *el Loco*.

— ¿Cómo que no sabes? Yo creo que tú no eres del todo ortodoxo.

— No sé lo que es eso. ¿No queréis canciones?

— Pero, bueno, contesta. ¿Eres ortodoxo o heterodoxo?

— Ya te he dicho que no sé.

— Qué opinas de la Trinidad?

— No sé.

— ¿Cómo que no sabes? ¡Y te atreves a decirlo! ¿De dónde procede el Espíritu Santo? ¿Procede del Padre o procede del Hijo, o de los dos? ¿O es que tú crees que su hipóstasis es consustancial con la hipóstasis del Padre o la del Hijo?

— No sé nada de eso. ¿Queréis canciones? ¿No queréis comprar canciones a Ipintza, *el Loco*?

— ¡Ah! ¿De manera que no contestas? Entonces eres herético. *Anathema sit*. Estás excomulgado.

— ¡Yo! ¿Excomulgado? —dijo Ipintza lleno de terror, y retrocedió y enarboló su blanco garrote.

— Bueno, bueno —gritó Luschía al estudiante—. Basta de bromas.

Praschcu echó unas cuantas brazadas de ramas secas. Chisporroteó el fuego alegremente; después, unos se pusieron a jugar al mus y Bautista lució su magnífica voz cantando varios zortzicos.

Dantchari, *el Estudiante*, desafió a echar versos a Bautista y éste aceptó el desafío. Los dos comenzaron con el estribillo

Orain esango dizut
nic zuri eguia.

(Ahora te diré yo la verdad.)

Y la fuerza del consonante les hizo decir una porción de disparates y de astracanadas que produjeron el entusiasmo de la reunión.

Ambos merecieron plácemes y aplausos. Luego, Dantchari aseguró que sabía imitar la voz de tiple, y entre Bautista y él cantaron la canción que comienza diciendo:
Marichu, ¿ñora zuaz
eder galant ori?

(María, ¿a dónde vas tan bonita?)

Bautista cantando de mozo y Dantchari de chica, dirigiéndose preguntas y respuestas de burlona ingenuidad, hicieron las delicias de la concurrencia.

Luego, Bautista cantó la bella canción del país de Soul, que dice así:

Urzo churia errazu Nora
yoaten cera zu
Ezpaniaco mendi guciac
Elurrez beteac dituzu
Gaur arratzean ostatu
Gure echean badezu.

(Paloma blanca, dime a dónde vas. Todos los montes de España están llenos de nieve. Si quieres albergue para esta noche, lo tienes en mi casa.)

Los de la partida aplaudieron, pero más que esta canción romántica les gustó el dúo anterior, y *el Jabonero*, comprendiéndolo así, compró a Ipintza, *el Loco*, un papel, que era la letra de la nueva canción de Vilinch, llamada «Juana Vishenta

Olave», escrita por el autor adaptándola a un aire popular titulado ¡Orra Pepito!

La canción de Vilinch era un diálogo amoroso entre el propietario de un caserío y la hija del arrendador, a quien trata de conquistar.

El Estudiante se puso las enaguas de la posadera y se ató un pañuelo en la cabeza, Bautista se caló un sombrero de copa que alguno encontró, no se sabe dónde, y cantaron ambos el dúo ingenuo de Vilinch, y la algazara fué tan grande que los cantores tuvieron que enmudecer porque el Cura gritó desde arriba que no le dejaban dormir en paz.

Cada cual fué a acostarse donde pudo, y Martín le dijo a Bautista en francés:

— Cuidado, eh. Hay que estar preparados para escapar a la mejor ocasión.

Bautista movió la cabeza afirmativamente, dando a entender que no se olvidaba.

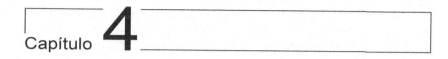

Capítulo 4

HISTORIA CASI INVEROSÍMIL DE JOSHÉ CRACASCH

Los dos días siguientes estuvo lloviendo y se pasó la partida en la venta haciendo algunos reconocimientos por los alrededores. Ni Zalacaín ni Bautista vieron al cura. Sin duda éste no se presentaba más que en las circunstancias graves.

Como era natural entre tanta gente inactiva, se pasaron las horas al lado del fuego hablando y contando diversos episodios y aventuras.

Había en la partida un muchacho de Tolosa, muy melancólico, cuyas únicas ocupaciones eran mirarse a un espejito de mano y tocar el acordeón. Este muchacho se llamaba José Cacochipi y algunos, a sus espaldas, le decían José Cracasch o sea en castellano José Manchas.

Martín y Bautista le preguntaron varias veces qué le pasaba para estar tan triste, si es que le dolían las muelas, si tenía las digestiones lentas, disgustos de familia o algún desorden en la vejiga; a todas estas preguntas contestaba Cacochipi, alias "Cracasch", diciendo que no le pasaba nada, pero suspiraba como si le ocurrieran todas esas calamidades al mismo tiempo.

Como el tal Cacochipi constituía un misterio, Martín preguntó a Dantchari, "el Estudiante", si por ser tolosano sabía la historia de su coterráneo y amigo, y el exseminarista dijo:

— Si no le decís nada, os contaré la historia de Joshé, pero habéis de prometerme no burlaros de él.

— No nos burlaremos de él ni le diremos nada.

Dantchari hablaba en castellano con esa pedantería clásica de los curas y seminaristas, que creen indispensable, para mayor claridad, decir de cuando en cuando alguna palabra en latín entre personas que ignoran en absoluto este idioma.

— Pues habéis de saber —dijo Dantchari— que José Cacochi- pi, el hijo menor de André Anthoni la confitera, ha sido conoci- do siempre, "urbi et orbe" por el apodo de Joshé Cracasch.

Este apodo lo tenía muy merecido porque Joshé era hace años, y aun hace meses, el mozo más abandonado de la ciudad y de los contornos; así que todo el pueblo, "némine discrepan- te", lo apodaba Cracasch.

Joshé no ha tenido hasta hace poco más pasión que la música.

Quisieron hacerle estudiar para cura y ordenarle "in sacris", pero fué imposible.

Se puede decir de él que es músico "per se" y hombre "per accidens".

Durante muchos años se ha pasado ocho o nueve horas en el piano haciendo ejercicios y, como no ha tenido alma más que para la música, en todo lo demás ha sido un descuidado horrible.

Llevaba el traje lleno de lamparones, la boina sucia, el pelo largo, se olvidaba la corbata. Era una verdadera calamidad.

Por eso se le llamaba Joshé Cracasch, y a él no sólo no le ofendía el apodo, sino que le hacía gracia; en cambio su madre, André Anthoni, se ponía como una fiera cuando oía que a su hi- jo le daban este mote.

Hará un año próximamente que un indiano rico llamado Ariz- mendi, y que dicen que ha sido pirata... yo no lo sé, "relata re- fero", llegó al pueblo. Como digo, este señor le preguntó al párroco:

— ¿Qué profesor de música le podría yo poner a mi chico?

— El mejor, José Cacochipi —contestó el cura.

Le hablaron a Cracasch y éste se encogió de hombros y dijo que bueno. Su madre le preparó ropa limpia y le advirtió que tuviera cuidado con lo que decía y que fuera prudente, pues la colocación podía ser un "modus vivendi" para él. Cracasch pro- metió ser prudentísimo.

Llegó el primer día a casa de Arizmendi y preguntó por el amo.

Salió a abrirle una muchacha, y poco después se presentó un señor. La muchacha le dijo que dejara la boina en el colgador.

— ¿Para qué? —replicó Joshé— y luego, dirigiéndose al se- ñor, le preguntó: — ¿Es la criada, eh?

— No, esta señorita es mi hija —contestó fríamente el señor Arizmendi.

Cracasch comprendió que había dado un tropiezo y para enmendarlo, dijo:

— Es muy guapa. ¡Ya se parece a usted, ya!

— No. Si es hijastra mía —contestó el señor Arizmendi.

— Ja, ja... ¡qué risa!... Ya tendrá novio, eh.

Cacochipi fué a dar en un punto que preocupaba a la familia, pues la muchacha tenía amores, a disgusto de los padres, con un primo.

El señor Arizmendi le dijo que no hiciera más preguntas impertinentes, que ya sabía que era medio bobo, pero que aprendiese a reportarse.

Joshé, muy extrañado con tal exabrupto, fué al cuarto del chico, donde dió su primera lección de solfeo. Aquellas palabras duras del señor Arizmendi, más que ofender le extrañaron. Joshé no tenía ninguna malicia, toda su vida la había pasado pensando en la música, y de otras cosas nada sabía.

A Cacochipi, que estuvo varias veces invitado a comer con la familia de Arizmendi, le chocaba la tristeza del padre y de la madre y de las hermanas y quiso alegrarles un poco; porque, como dice el profano: "Omissis curis, jucunde vivendum esse"; lo cual quiere decir que se debe vivir alegremente y sin cuidados.

Lo primero que se le ocurrió a Cracasch, un día que se le figuró que ya tenía confianza con la familia de Arizmendi, fué, a los postres, imitar el ruido del tren; luego intentó cantar una canción que en la taberna tenía mucho éxito. En esta canción se hace como si se tocara la flauta y el bombo, y como si se comiera en una cazuela, y luego medio se desnuda uno mientras canta. Joshé creía que, cuando él se quitara la chaqueta y el chaleco, toda la familia rompería a reir a carcajadas, pero fué todo lo contrario, porque el señor Arizmendi, mirándole con ojos terribles, le dijo:

— Bueno, Cacochipi: póngase usted el chaleco y no vuelva usted a quitárselo delante de nosotros.

Joshé se quedó frío, y no precisamente por la falta del chaleco.

— A esta gente no les hace gracia nada —murmuró.

Un día, apareció a dar la lección con la cara pintada con varios lunares y no hizo efecto; otro, ayudado por su discípulo, ató los cubiertos a la mesa... y nada.

— ¿Qué tal, Cracasch? —le preguntaba alguno en la calle—. ¿Cómo va la familia de Arizmendi?

— ¡Ah! Es una gente que nada le gusta —contestaba él—. Se hacen cosas bonitas para divertirles... y nada.

El día de Carnaval, Joshé Cracasch tuvo una idea de las suyas y fué convencer a su discípulo para que sacara los trajes de su madre y de una hermana. Se disfrazarían los dos y darían a la familia Arizmendi una broma graciosísima.

— Ahora sí que se van a reir—decía Cacochipi en su interior.

El chico no se anduvo en retóricas y el domingo de Carnaval tomó los mejores trajes que encontró y fué con ellos a la confitería. Maestro y discípulo se pusieron las prendas femeninas, y armados de sendas escobas, fueron a la puerta de la iglesia.

Al salir Arizmendi con su mujer y sus hijas de misa, Cacochipi y su discípulo cayeron sobre ellos y les dieron un sin fin de apretones y de golpes; Joshé recordó a Arizmendi que tenía dentadura postiza, a su mujer que se ponía añadidos y a la hija mayor el novio con quien había reñido, y después de otra porción de cosas igualmente oportunas se marcharon las dos máscaras dando brincos.

Al día siguiente, cuando se presentó en casa de Arizmendi, pensó Cracasch:

— Nada, van a felicitarme por la broma de ayer.

Entró y le pareció que todo el mundo estaba serio. De pronto, se le acercó Arizmendi y con voz más que severa, iracunda, en un terrible "ab irato", le dijo:

— No vuelva usted a poner los pies en mi casa. ¡Imbécil! Si no fuera usted un idiota, le echaría a puntapiés.

— Pero ¿por qué? —preguntó José.

— ¿Y lo pregunta usted todavía, majadero? Cuando no se sabe portarse como una persona, no se debe alternar con los demás. Yo creía que era usted un estúpido, pero no tanto.

Cacochipi, por primera vez en su vida, se sintió ofendido. Se encerró en su casa y empezó a pensar en la Celedonia, la segunda hija de Arizmendi y en la voz suave y la "eloquendi suavitatem" con que le saludaba por las mañanas cuando le decía:

— Buenos días, Joshé.

Cacochipi se convenció de que, como le había dicho Arizmendi, era un estúpido y de que además estaba enamorado. Estos dos convencimientos le impulsaron a mudarse de traje, a cortarse el pelo, a ponerse una boina nueva y a no permitir que nadie le llamara Cracasch.

— Oye, Cracasch —le decía alguno en la calle.

— ¡Hombre! Creo que me has llamado Cracasch —decía él.

— Sí, ¿y qué?

— Que no quiero que me vuelvas a llamar así.

— Pero hombre, Cracasch...

— Toma —y Joshé empezaba a puñetazos y a golpes.

En poco tiempo Joshé borró su apodo de Cracasch. La Celedonia Arizmendi había notado la transformación de Joshé y sabía la parte que en este cambio le correspondía a ella. Joshé veía que la muchacha le miraba con buenos ojos; pero era tan tímido que nunca se hubiera atrevido a decirle nada.

Llevaban sus amores el camino de pasar a la historia sin llegar al primer capítulo, cuando el hijo de un boticario se encargó de darles una solución.

Quería burlarse de Joshé y escribió una carta de amor grotesca a la hija de Arizmendi, firmando Joshé Cracasch.

La chica le envió la carta a Joshé diciéndole que se querían burlar de él, pero que ella le estimaba y que pasara por delante de su casa y que hablarían.

Joshé fué y vió a la muchacha y le dió las buenas tardes y no se le ocurrió más; ella le preguntó si su madre, André Anthoni, estaba buena, él la contestó que sí y entonces ella le dijo:

— Hasta mañana, Joshé.

— Adiós.

Cacochipi quedó como embobado; necesitaba respirar, tomar aire y salió de Tolosa y tomó el camino de Anoeta y pasó Anoeta y luego Irura y cruzó Villabona y fué andando, andando, hasta que se topó con la partida del Cura, que iba a conquistar, "viribus et armís", la gloria. Uno de la partida le dió el alto y le hizo descender de las sublimidades amatorio-musicales en que se hallaba sumido, presentándole el sencillo dilema de recibir una paliza o de venirse con nosotros.

José Cacochipi, por muy aficionado que sea a la música, no ha querido que solfeen sobre él y ya hace un mes que está en la partida.

Tal era la historia de Joshé Cracasch, que contó Dantchari, "el Estudiante", con algunos latinajos más de los que pone el autor.

Capítulo 5

CÓMO LA PARTIDA DEL CURA DETUVO LA DILIGENCIA CERCA DE ANDOAIN

Al tercer día de estar en la venta, la inacción era grande, y entre "el Jabonero" y Luschía acordaron detener aquella mañana la diligencia que iba desde San Sebastián a Tolosa.

Se dispuso la gente a lo largo del camino, de dos en dos; los más lejanos irían, avisando cuando apareciera la diligencia y replegándose junto a la venta.

Martín y Bautista se quedaron con el Cura y "el Jabonero", porque el cabecilla y su teniente no tenían bastante confianza en ellos.

A eso de las once de la mañana, avisaron la llegada del coche. Los hombres que espiaban el paso fueron acercándose a la venta, ocultándose por los lados del camino.

El coche iba casi lleno. El Cura, "el Jabonero" y los siete u ocho hombres que estaban con ellos se plantaron en medio de la carretera.

Al acercarse el coche, el Cura levantó su garrote y gritó:

— ¡Alto!

Anchusa y Luschía se agarraron a la cabezada de los caballos y el coche se detuvo.

— "¡Arrayua!" ¡El Cura! —exclamó el cochero en voz alta—. Nos hemos fastidiado.

— Abajo todo el mundo —mandó el Cura.

Egozcue abrió la portezuela de la diligencia. Se oyó en el interior un coro de exclamaciones y de gritos.

— Vaya. Bajen ustedes y no alboroten —dijo Egozcue con finura.

Bajaron primero dos campesinos vascongados y un cura; luego, un hombre rubio, al parecer extranjero, y después saltó una muchacha morena, que ayudó a bajar a una señora gruesa, de pelo blanco.

— Pero Dios mío, ¿adónde nos llevan? —exclamó ésta.

Nadie le contestó.

— ¡Anchusa! ¡Luschía! Desenganchad los caballos —gritó el Cura—. Ahora, todos a la posada.

Anchusa y Luschía llevaron los caballos y no quedaron con el cura más que unos ocho hombres, contando con Bautista, Zalacaín y Joshé Cracasch.

— Acompañad a éstos —dijo el cabecilla a dos de sus hombres, señalando a los campesinos y al cura.

— Vosotros —é indicó a Bautista, Zalacaín, Joshé Cracasch y otros dos hombres armados— id con la señora, la señorita y este viajero.

La señora gruesa lloraba afligida.

— Pero, ¿nos van a fusilar? —preguntó gimiendo.

— ¡Vamos! ¡Vamos! —dijo uno de los hombres armados, brutalmente.

La señora se arrodilló en el suelo, pidiendo que la dejaran libre.

La señorita, pálida, con los dientes apretados, lanzaba fuego por los ojos. Sin duda, sabía los procedimientos usados por el cura con las mujeres.

A algunas solía desnudarlas de medio cuerpo arriba, les untaba con miel el pecho y la espalda y las emplumaba; a otras les cortaba el pelo o lo untaba de brea y luego se lo pegaba a la espalda.

— Ande usted, señora —dijo Martín—, que no les pasará nada.

— Pero, ¿adónde? —preguntó ella.

— A la posada, que está aquí cerca.

La joven nada dijo, pero lanzó a Martín una mirada de odio y de desprecio.

Las dos mujeres y el extranjero comenzaron a marchar por la carretera.

— Atención, Bautista —dijo Martín en francés—, tú al uno, yo al otro. Cuando no nos vean.

El extranjero, extrañado, en el mismo idioma preguntó:

— ¿Qué van ustedes a hacer?

— Escaparnos. Vamos a quitar los fusiles a estos hombres. Ayúdenos usted.

Los dos hombres armados, al oir que se entendían en una lengua que ellos no comprendían, entraron en sospechas.

— ¿Qué habláis?—dijo uno, retrocediendo y preparando el fusil.

No tuvo tiempo de hacer nada, porque Martín le dió un garrotazo en el hombro y le hizo tirar el fusil al suelo, Bautista y el extranjero forcejearon con el otro y le quitaron el arma y los cartuchos. Joshé Cracasch estaba como en babia.

Las dos mujeres, viéndose libres, echaron a correr por la carretera, en dirección a Hernani. Cracasch las siguió. Éste llevaba una mala escopeta, que podía servir en último caso. El extranjero y Martín tenían cada uno su fusil, pero no contaba más que con pocos cartuchos. A uno le habían podido quitar la cartuchera, al otro fué imposible. Éste volaba corriendo a dar parte a los de la partida.

El extranjero, Martín y Bautista corrieron y se reunieron con las dos mujeres y con Joshé Cracasch.

La ventaja que tenían era grande, pero las mujeres corrían poco; en cambio, la gente del cura en cuatro saltos se plantaría junto a ellos.

— ¡Vamos! ¡Animo! —decía Martín—. En una hora llegamos.

— No puedo —gemía la señora—. No puedo andar más.

— ¡Bautista! —exclamó Martín—. Corre a Hernani, busca gente y tráela. Nosotros nos defenderemos aquí un momento.

— Iré yo —dijo Joshé Cracasch.

— Bueno, entonces deja el fusil y las municiones.

Tiró el músico el fusil y la cartuchera y echó a correr, como alma que lleva el diablo.

— No me fío de ese músico simple —murmuró Martín—. Vete tú, Bautista. La lástima es que quede un arma inútil.

— Yo dispararé —dijo la muchacha.

Se volvieron a hacer frente, porque los hombres de la partida se iban acercando.

Silbaban las balas. Se veía una nubecilla blanca y pasaba al mismo tiempo una bala por encima de las cabezas de los fugitivos. El extranjero, la señorita y Martín se guarecieron cada uno detrás de un árbol y se repartieron los cartuchos. La señora vieja, sollozando, se tiró en la hierba, por consejo de Martín.

— ¿Es usted buen tirador? —preguntó Zalacaín al extranjero.

— ¿Yo? Sí. Bastante regular.

— ¿Y usted, señorita?

— También he tirado algunas veces.

Seis hombres se fueron acercando a unos cien metros de donde estaban guarecidos Martín, la señorita y el extranjero. Uno de ellos era Luschía.

— A ese ciudadano le voy a dejar cojo para toda su vida —dijo el extranjero.

Efectivamente, disparó y uno de los hombres cayó al suelo dando gritos.

— Buena puntería —dijo Martín.

— No es mala —contestó fríamente el extranjero.

Los otros cinco hombres recogieron al herido y lo retiraron hacia un declive. Luego, cuatro de ellos, dirigidos por Luschía, dispararon al árbol de dónde había salido el tiro. Creían, sin duda, que allí estaban refugiados Martín y Bautista y se fueron acercando al árbol. Entonces disparó Martín é hirió a uno en una mano.

Quedaban solo tres hábiles, y, retrocediendo y arrimándose a los árboles, siguieron haciendo disparos.

— ¿Habrá descansado algo su madre? —preguntó Martín a la señorita.

— Sí.

— Que siga huyendo. Vaya usted también.

— No, no.

— No hay que perder tiempo —gritó Martín, dando una patada en el suelo—. Ella sola o con usted. ¡Hala! En seguida.

La señorita dejó el fusil a Martín y, en unión de su madre, comenzó a marchar por la carretera.

El extranjero y Martín esperaron, luego fueron retrocediendo sin disparar, hasta que, al llegar a una vuelta del camino, comenzaron a correr con toda la fuerza de sus piernas. Pronto se reunieron con la señora y su hija. La carrera terminó a la media hora, al oir que las balas comenzaban a silbar por encima de sus cabezas.

Allí no había árboles donde guarecerse, pero sí unos montes de piedra machacada para el lecho de la carretera, y en uno de ellos se tendió Martín y en el otro el extranjero. La señora y su hija se echaron en el suelo.

Al poco tiempo, aparecieron varios hombres; sin duda, ninguno quería acercarse y llevaban la idea de rodear a los fugitivos y de cogerlos entre dos fuegos.

Cuatro hombres fueron a campo traviesa por entre maizales, por un lado de la carretera, mientras otros cuatro avanzaban por otro lado, entre manzanos.

Si Bautista no viene pronto con gente, creo que nos vamos a ver apurados —exclamó Martín.

La señora, al oirle, lanzó nuevos gemidos y comenzó a lamentarse, con grandes sollozos, de haber escapado.

El extranjero sacó un reloj y murmuró:

— Tenía tiempo. No habrá encontrado nadie.

— Eso debe ser —dijo Martín.

— Veremos si aquí podemos resistir algo —repuso el extranjero.

— ¡Hermoso día! —murmuró Martín.

- La verdad es que un día tan hermoso convida a todo, hasta que le peguen a uno un tiro.

— Por si acaso, habrá que evitarlo en lo posible.

Dos o tres balas pasaron silbando y fueron a estrellarse en el suelo.

— ¡Rendíos! —dijo la voz de Belcha, por entre unos manzanos.

— Venid a cogernos —gritó Martín, y vió que uno le apuntaba en el monte, desde cerca de un árbol; él apuntó a su vez, y los dos tiros sonaron casi simultáneamente. Al poco tiempo, el hombre volvió a aparecer más cerca, escondido entre unos helechos, y disparó sobre Martín.

Éste sintió un golpe en el muslo y comprendió que estaba herido. Se llevó la mano al sitio de la herida y notó una cosa tibia. Era sangre. Con la mano ensangrentada cogió el fusil y, apoyándose en las piedras, apuntó y disparó. Luego sintió que se le iban las fuerzas, al perder la sangre, y cayó desmayado.

El extranjero aguardó un momento, pero, en aquel instante, una compañía de miqueletes avanzaba por la carretera, corriendo y haciendo disparos, y la gente del Cura se retiraba.

Capítulo **6**

CÓMO CUIDÓ LA SEÑORITA DE BRIONES A MARTÍN ZALACAÍN

Cuando de nuevo pudo darse Martín Zalacaín cuenta de que vivía, se encontró en la cama, entre cortinas tupidas.

Hizo un esfuerzo para moverse y se sintió muy débil y con un ligero dolor en el muslo.

Recordó vagamente lo pasado, la lucha en la carretera, y quiso saber dónde estaba.

— ¡Eh! —gritó con voz apagada.

Las cortinas se abrieron y una cara morena, de ojos negros, apareció entre ellas.

— Por fin. ¡Ya sé ha despertado usted!

— Sí. ¿Dónde me han traído?

— Luego le contaré a usted todo —dijo la muchacha morena.

— ¿Estoy prisionero?

— No, no; está usted aquí en seguridad.

— ¿En qué pueblo?

— En Hernani.

— Ah, vamos. ¿No me podrían abrir esas cortinas?

— No, por ahora no. Dentro de un momento vendrá el médico y, si le encuentra a usted bien, abriremos las cortinas y le permitiremos hablar. Con que ahora siga usted durmiendo.

Martín sentía la cabeza débil y no le costó mucho trabajo seguir el consejo de la muchacha.

Al mediodía llegó el médico, que reconoció a Martín la herida, le tomó el pulso y dijo:

— Ya pueda empezar a comer.

— ¿Y le dejaremos hablar, doctor? —preguntó la muchacha.

— Sí.

Se fué el doctor, y la muchacha de los ojos negros descorrió las cortinas y Martín se encontró en una habitación grande, algo baja de techo, por cuya ventana entraba un dorado sol de invierno. Pocos instantes después, apareció Bautista en el cuarto, de puntillas.

— Hola, Bautista —dijo Martín burlonamente—. ¿Qué te ha parecido nuestra primera aventura de guerra? ¿Eh?

— ¡Hombre! A mí, bien —contestó el cuñado—. A ti quizá no te haya parecido tan bien.

— ¡Pse! Ya hemos salido de esta.

La muchacha de los ojos negros, a quien al principio no reconoció Martín, era la señorita a quien habían hecho bajar del coche los de la partida del Cura y después se había fugado con ellos en compañía de su madre.

Esta señorita le contó a Martín cómo le llevaron hasta Hernani y le extrajeron la bala.

— Y yo no me he dado cuenta de todo esto —dijo Martín—. ¿Cuánto tiempo llevo en la cama?

— Cuatro días ha estado usted con una fiebre altísima.

— ¿Cuatro días?

— Sí.

— Por eso estoy rendido. ¿Y su madre de usted?

— También ha estado enferma, pero ya se levanta.

— Me alegro mucho. ¿Sabe usted? Es raro —dijo Martín— no me parece usted la misma que vino en la carretera con nosotros.

— ¡No?

— No.

— ¿Y por qué?

— Le brillaban a usted los ojos de una manera tan rara, así como dura...

— ¿Y ahora no?

— Ahora no, ahora me parecen sus ojos muy suaves.

La muchacha se ruborizó sonriendo.

— La verdad es —dijo Bautista— que has tenido suerte. Esta señorita te ha cuidado como a un rey.

— ¡Qué menos podía hacer por uno de nuestros salvadores! —exclamó ella ocultando su confusión—. Oh, pero no hable usted tanto. Para el primer día es demasiado.

— Una pregunta sólo —dijo Martín.

— Veamos la pregunta —contestó ella.

— Quisiera saber cómo se llama usted.

— Rosa Briones.

— Muchas gracias, señorita Rosa —murmuró.

— ¡Oh! no me llame usted señorita. Llámeme usted Rosa o Rosita, como me dicen en casa.

— Es que yo no soy caballero —repuso Martín.

— ¡Pues si usted no es caballero, quién lo será! —dijo ella.

Martín se sintió halagado y, como Rosa le indicó que callara, llevándose el dedo a los labios, cerró los ojos...

La convalecencia de **Martín** fué muy rápida, tanto, que a él le pareció que se curaba demasiado pronto.

Bautista, al ver a su cuñado en vísperas de levantarse y en buenas manos, como dijo algo irónicamente, se fué a Francia a reunirse con Capistun y a seguir con los negocios.

Martín pudo tomar Hernani por una Capua, una Capua espiritual.

Rosita Briones y su madre doña Pepita le mimaban y le halagaban.

De conocerlo, Martín hubiera podido recitar, refiriéndose a él mismo, el romance antiguo de Lanzarote:

Nunca fuera caballero

De damas tan bien servido

Como fuera Lanzarote

Cuando de su aldea vino.

Rosita, durante la convalecencia, tuvo largas conversaciones con Martín. Era de Logroño, donde vivía con su madre. Doña Pepita era la causante de la desdichada aventura. A ella se le ocurrió ir a Villabona, para ver a su hijo, que le habían dicho que se encontraba herido en este pueblo. Afortunadamente, la noticia era falsa.

Doña Pepita, la madre de Rosita, era una señora romántica, con unas ideas absurdas. Adoraba a su hijo, vivía temblando de que le pasara algo, pero, a pesar de todo, había querido que fuera militar. Al decidir la aventura que terminó con la detención de la diligencia y al oir las observaciones de su hija al malhadado proyecto, había contestado:

— Los carlistas son españoles y caballeros y no pueden hacer daño a unas señoras.

A pesar de esta imposibilidad, estuvieron las dos a punto de ser emplumadas o apaleadas por la gente del Cura.

Martín llegó a convencerse de que la buena señora tenía una imposibilidad irreductible para enterarse de la cosas. Lo veía todo a su gusto y se convencía de que los hechos era como se los había pintado su fantasía. Si de la madre cualquiera hubiese dicho que le faltaba un tornillo, no podía decirse lo mismo de su hija. Ésta era lista y avispada como pocas; tenía un juicio rápido, seguro y claro.

Muchas veces, para distraer al herido, Rosa le leyó novelas de Dumas y poesías de Bécquer. Martín nunca había oído versos y le hicieron un efecto admirable, pero lo que más le sorprendió fué la discreción de los comentarios de Rosita. No se le escapaba nada.

Pronto Martín pudo levantarse y, cojeando, andar por la casa. Un día que contaba su vida y sus aventuras, Rosita le preguntó de pronto:

— ¿Y Catalina quién es? ¿Es su novia de usted?

— Sí. ¿Cómo lo sabe usted?

— Porque ha hablado usted mucho de ella durante el delirio.

— ¡Ah!

— ¿Y es guapa?

— ¿Quién?

— Su novia.

— Sí, creo que sí.

— ¿Cómo? ¿Cree usted nada más?

— Es que la conozco desde chico y estoy tan acostumbrado a verla que casi no sé cómo es.

— ¿Pero no está usted enamorado de ella?

— No sé, la verdad.

— ¡Qué cosa más rara! ¿Que tipo tiene?

— Es así... algo rubia...

— ¿Y tiene hermosos ojos?

— No tanto como usted —dijo Martín.

A Rosita Briones le centellearon los ojos y envolvió a Martín en una de sus miradas enigmáticas.

Una tarde se presentó en Hernani el hermano de Rosita.

Era un joven fino, atento, pero poco comunicativo.

Doña Pepita le puso a Zalacaín delante de su hijo como un salvador, como un héroe.

Al día siguiente, Rosita y su madre iban a San Sebastián, para marcharse desde allí a Logroño.

Les acompañó Martín y su despedida fué muy afectuosa. Doña Pepita le abrazó y Rosita le estrechó la mano varias veces y le dijo imperiosamente:

— Vaya usted a vernos.

— Sí, ya iré.

— Pero que sea de veras. Los ojos de Rosita prometían mucho. Al marcharse madre é hija, Martín pareció despertar de un sueño; se acordó de sus negocios, de su vida, y sin pérdida de tiempo se fué a Francia.

Capítulo 7

CÓMO MARTÍN ZALACAÍN BUSCÓ NUEVAS AVENTURAS

Una noche de invierno llovía en las calles de San Juan de Luz; algún mechero de gas temblaba a impulsos del viento, y de las puertas de las tabernas salían voces y sonido de acordeones.

En Socoa, que es el puerto de San Juan de Luz, en una taberna de marineros, cuatro hombres, sentados en una mesa, charlaban. De cuando en cuando, uno de ellos abría la puerta de la taberna, avanzaba en el muelle silencioso, miraba al mar y al volver decía:

—Nada, la "Fleche" no viene aún.

El viento silbaba en bocanadas furiosas sobre la noche y el mar negros, y se oía el ruido de las olas azotando la pared del muelle.

En la taberna, Martín, Bautista, Capistun y un hombre viejo, a quien llamaban Ospitalech, hablaban; hablaban de la guerra carlista, que seguía como una enfermedad crónica sin resolverse.

— La guerra acaba —dijo Martín.

— ¿Tú crees? —preguntó el viejo Ospitalech.

— Sí, esto marcha mal, y yo me alegro —dijo Capistun.

— No, todavía hay esperanza —repuso Ospitalech.

— El bombardeo de Irún ha sido un fracaso completo para los carlistas —dijo Martín—. ¡Y qué esperanzas tenían todos estos legitimistas franceses! Hasta los hermanos de la Doctrina Cristiana habían dado vacaciones a los niños para que fuesen a la frontera a ver el espectáculo. ¡Canallas! Y ahí vimos a ese arrogante don Carlos, con sus terribles batallones, echando granadas y granadas, para tener luego que escaparse corriendo hacia Vera.

— Si la guerra se pierde, nos arruinamos —murmuró Ospitalech.

Capistun estaba tranquilo, pensaba retirarse a vivir a su país; Bautista, con las ganancias del contrabando, había extendido sus tierras. De los tres, Zalacaín no estaba contento. Si no le hubiese retenido el pensamiento de encontrar a Catalina, se hubiera ido a América.

Llevaba ya más de un año sin saber nada de su novia; en Urbia se ignoraba su paradero, se decía que doña Águeda había muerto, pero no se hallaba confirmada la noticia.

De estos cuatro hombres de la taberna de Socoa, los dos contentos, Bautista y Capistun, charlaban; los otros dos rabiaban y se miraban sin hablarse. Afuera llovía y venteaba.

— ¿Alguno de vosotros se encargaría de un negocio difícil, en que hay que exponer la pelleja? —preguntó de pronto Ospitalech.

— Yo no —dijo Capistun.

— Ni yo —contestó distraídamente Bautista.

— ¿De qué se trata? —preguntó Martín.

— Se trata de hacer un recorrido por entre las filas carlistas y conseguir que varios generales y, además, el mismo don Carlos, firmen unas letras.

— ¡Demonio! No es fácil la cosa —exclamó Zalacaín.

— Ya lo sé que no; pero se pagaría bien.

— ¿Cuánto?

— El patrón ha dicho que daría el veinte por ciento, si le trajeran las letras firmadas.

— ¿Y a cuánto asciende el valor de las letras?

— ¿A cuánto? No sé de seguro la cantidad. ¿Pero es que tú irías?

— ¿Por qué no? Si se gana mucho...

— Pues entonces espera un momento. Parece que llega el barco, luego hablaremos.

Efectivamente, se había oído en medio de la noche un agudo silbido. Los cuatro salieron al puerto y se oyó el ruido de las aguas removidas por una hélice, y luego aparecieron unos marineros en la escalera del muelle, que sujetaron la amarra en un poste.

— ¡Eup! Manisch —gritó Ospitalech.

— ¡Eup! —contestaron desde el mar.

— ¿Todo bien?

— Todo bien —respondió la voz.

— Bueno, entremos —añadió Ospitalech— que la noche está de perros.

Volvieron a meterse en la taberna los cuatro hombres, y poco después se unieron a ellos Manisch, el patrón del barco la "Fleche", que al entrar se quitó el sudeste, y dos marineros más.

— ¿De manera que tú estás dispuesto a encargarte de ese asunto? —preguntó Ospitalech a Martín.

— Sí.

— ¿Solo?

— Solo.

— Bueno, vamos a dormir. Por la mañana iremos a ver al principal y te dirá lo que se puede ganar.

Los marineros de la "Fleche" comenzaban a beber, y uno de ellos cantaba, entre gritos y patadas, la canción de «Les matelot de la Belle Eugenie».

Al día siguiente, muy temprano, se levantó Martín y con Ospitalech tomó el tren para Bayona. Fueron los dos a casa de un judío que se llamaba Levi-Alvarez. Era este un hombre bajito, entre rubio y canoso, con la nariz arqueada, el bigote blanco y los anteojos de oro. Ospitalech era dependiente del señor Levi-Alvarez y contó a su principal cómo Martín se brindaba a realizar la expedición difícil de entrar en el campo carlista para volver con las letras firmadas.

— ¿Cuánto quiere usted por eso? —preguntó Levi-Alvarez.

— El veinte por ciento.

— ¡Caramba! Es mucho.

— Está bien, no hablemos, me voy.

— Espere usted. ¿Sabe usted que las letras ascienden a ciento veinte mil duros? El veinte por ciento sería una cantidad enorme.

— Es lo que me ha ofrecido Ospitalech. Eso o nada.

— ¡Qué barbaridad! No tiene usted consideración...

— Es mi última palabra. Eso o nada.

— Bueno, bueno. Está bien. ¿Sabe usted que si tiene suerte se va usted a ganar veinticuatro mil duros...?

— Y si no me pegarán un tiro.

— Exacto. ¿Acepta usted?

— Sí, señor, acepto.

— Bueno. Entonces estamos conformes.

— Pero yo exijo que usted me formalice este contrato por escrito —dijo Martín.

— No tengo inconveniente.

El judío quedó un poco perplejo y, después de vacilar un poco, preguntó:

— ¿Cómo quiere usted que lo haga?

— En pagarés de mil duros cada uno.

El judío, después de vacilar, llenó los pagarés y puso los sellos.

— Si cobra usted —advirtió— de cada pueblo me puede usted ir enviando las letras.

— ¿No las podría depositar en los pueblos en casa del notario?

— Sí, es mejor. Un consejo. En Estella no vaya usted donde el ministro de la guerra. Preséntese usted al general en jefe y le entrega usted las cartas.

— Eso haré.

— Entonces, adiós, y buena suerte.

Martín fué a casa de un notario de Bayona, le preguntó si los pagarés estaban en regla y, habiéndole dicho que sí, los depositó bajo recibo.

El mismo día se fué a Zaro.

— Guardadme este papel —dijo a Bautista y a su hermana— dándoles el recibo.

Yo me voy.

— ¿Adónde vas? —preguntó Bautista.

Martín le explicó sus proyectos.

— Eso es un disparate —dijo Bautista— te van a matar.

— ¡Ca!

— Cualquiera de la partida del Cura que te vea te denuncia.

— No está ninguno en España. La mayoría andan por Buenos Aires. Algunos los tienes por aquí, por Francia, trabajando.

— No importa, es una barbaridad lo que quieres, hacer.

— ¡Hombre! Yo no obligo a nadie a que venga conmigo —dijo Martín.

— Es que si tú crees que eres el único capaz de hacer eso, estás equivocado —replicó Bautista—. Yo voy donde otro vaya.

— No digo que no.

— Pero parece que dudas.

— No, hombre, no.

— Sí, sí, y para que veas que no hay tal cosa, te voy a acompañar. No se dirá que un vasco francés no se atreve a ir donde vaya un vasco español.

— Pero hombre, tú estás casado —repuso Martín.

— No importa.

— Bueno, ya veo que lo tú quieres es acompañarme. Iremos juntos, y, si conseguimos traer las letras firmadas te daré algo.

— ¿Cuánto?

— Ya veremos.

— ¡Qué granuja eres! —exclamó Bautista— ¿para qué quieres tanto dinero?

— ¿Qué sé yo? Ya veremos. Yo tengo en la cabeza algo. ¿Qué? No lo sé, pero sirvo para alguna cosa. Es una idea que se me ha metido en la cabeza hace poco.

— ¿Qué demonio de ambición tienes?

— No sé, chico, no sé —contestó Martín—pero hay gente que se considera como un cacharro viejo, que lo mismo puede servir de taza que de escupidera. Yo no, yo siento en mí, aquí dentro, algo duro y fuerte... no sé explicarme.

A Bautista le extrañaba esta ambición obscura de Martín, porque él era claro y ordenado y sabía muy bien lo que quería.

Dejaron esta cuestión y hablaron del recorrido que tenían que hacer.

Este comenzaría yendo en el vaporcito la "Fleche" a Zumaya y siguiendo de aquí a Azpeitia, de Azpeitia a Tolosa y de Tolosa a Estella. Para no llevar la lista de todas las personas a quien tenían que ver y estar consultando a cada paso lo que podía comprometerles, Bautista, que tenía magnífica memoria, se la aprendió de corrido; cosieron las letras entre el cuero de las polainas y por la noche se embarcaron.

Entraron en el vaporcito de la "Fleche" en Socoa y se echaron al mar. Bautista y Zalacaín pasaron la travesía metidos en un camarote pequeño dando tumbos.

Al amanecer, el piloto vió hacia el cabo de Machichaco un barco que le pareció de guerra, y forzando la marcha entró en Zumaya.

Varias compañías carlistas salieron al puerto dispuestas a comenzar el fuego, pero cuando reconocieron el barco francés se tranquilizaron. Después de desembarcar, la memoria admirable de Bautista indicó las personas a quienes tenían que visitar en este pueblo. Eran tres o cuatro comerciantes. Los buscaron, firmaron las letras, compraron los viajeros dos caballos, se agenciaron un salvo-conducto; y por la tarde, después de comer, Martín y Bautista se encaminaron por la carretera de Cestona.

Pasaron por el pueblecito de Oiquina, constituído por unos cuantos caseríos colocados al borde del río Urola, luego por Aizarnazabal y en la venta de Iraeta, cerca del puente, se detuvieron a cenar.

La noche se echó pronto encima. Cenaron Martín y Bautista y discutieron si sería mejor quedarse allí o seguir adelante, y optaron por esto último.

Montaron en sus jamelgos, y al echar a andar vieron que de una casa próxima al puente de Iraeta salía un coche arrastrado por cuatro caballos. El coche comenzó a subir el camino de Cestona al trote. Este trozo de camino, desde Iraeta a Cestona, pasa entre dos montes y tiene en el fondo el río. De noche, sobre todo, el tal paraje es triste y siniestro.

Martín y Bautista, por ese sentimiento de fraternidad que se siente en las carreteras solitarias, quisieron acercarse al coche y ponerse al habla con el cochero, pero sin duda el cochero tenía razones para no querer compañía, porque, al notar que le seguían, puso los caballos al trote largo y luego los hizo galopar.

Así, el coche delante y Martín y Bautista detrás, subieron a Cestona, y al llegar aquí el coche dió una vuelta rápida y poco después echó un fardo al suelo.

— Es algún contrabandista —dijo Martín.

Efectivamente, lo era; hablaron con él y el hombre les confesó que había estado dispuesto a dispararles al ver que le perseguían. Marcharon los tres a la posada, ya hechos amigos, y Martín fué a ver a un confitero carlista de la calle Mayor.

Durmieron en la posada de Blas y muy de mañana Zalacaín y Bautista se prepararon a seguir su camino.

Era el día lluvioso y frío, la carretera, amarillenta, llena de baches, ondulaba por entre campos verdes; no se veía el monte Itzarroiz, envuelto entre la bruma. El río, crecido, iba de color de ocre. Se detuvieron en Lasao, en la posesión de un barón carlista, a hacer que su administrador firmara un documento y siguieron bordeando el Urola hasta Azpeitia.

Aquí el trabajo era bastante grande y tardaron en terminarle. Al anochecer, estuvieron ya libres, y, como preferían no quedarse en pueblos grandes, tomaron un camino de herradura que subía al monte Hernio y fueron a dormir a una aldea llamada Regil.

El tercer día, de Regil cogieron el camino de Vidania, y llegaron a Tolosa, en donde estuvieron unas horas.

De Tolosa fueron a dormir a un pueblo próximo. Les dijeron que por allá andaba una partida, y prefirieron seguir adelante. Esta partida, días antes, había apaleado bárbaramente a unas muchachas, porque no quisieron bailar con unos cuantos de aquellos foragidos. Dejaron el pueblo, y, unas veces al trote y otras al paso, llegaron hasta Amezqueta, en donde se detuvieron.

Capítulo 8

VARIAS ANÉCDOTAS DE FERNANDO DE AMEZQUETA Y LLEGADA A ESTELLA

En Amezqueta entraron en la posada próxima al juego de pelota. Llovía, hacía frío y se refugiaron al lado de la lumbre.

Había entre los reunidos en la venta un campesino chusco, que se puso a contar historias. El campesino, al entrar otros dos en la cocina, sacó su gran pañuelo a cuadros y comenzó a dar con él en las mesas y en las sillas, como si estuviera espantando moscas.

— ¿Qué hay? —le dijo Martín—. ¿Qué hace usted?

— Estas moscas fastidiosas —contestó el campesino seriamente.

— Pero si no hay moscas.

— Sí las hay, sí —replicó el hombre, dando de nuevo con el pañuelo.

El posadero advirtió, riendo, a Martín y a Bautista que, como en Amezqueta había tantas moscas de macho, a los del pueblo les llamaban, en broma, "euliyac" (las moscas), y que por eso el tipo aquel chistoso sacudía las mesas y las sillas con el pañuelo, al entrar dos amezquetanos.

Rieron Martín y Bautista, y el campesino contó una porción de historias y de anécdotas.

— Yo no sé contar nada —dijo el hombre varias veces—. ¡Si estuviera "Pernando"!

— ¿Y quién era "Pernando"? —preguntó Martín.

— No habéis oído vosotros hablar de "Pernando" de Amezqueta?

— No.

— ¡Ah! Pues era el hombre más gracioso de toda esta provincia. ¡Las cosas que contaba aquel hombre!

Martín y Bautista le instaron para que contara alguna historia de Fernando de Amezqueta, pero el campesino se resistía, porque aseguraba que oirle a él contar estas chuscadas no daba más que una pálida idea de las salidas de Fernando.

Sin embargo, a instancias de los dos, el campesino contó esta anécdota en vascuence:

«Un día Fernando fué a casa del señor cura de Amezqueta, que era amigo suyo y le convidaba a comer con frecuencia. Al entrar en la casa, husmeó desde la cocina y vió que el ama estaba limpiando dos truchas: una, hermosa, de cuatro libras lo menos, y la otra, pequeñita, que apenas tenía carne. Pasó Fernando a ver al señor cura, y éste, según su costumbre, le convidó a comer. Se sentaron a la mesa el señor cura y Fernando. Sacaron dos sopas y Fernando comió de las dos; luego sacaron el cocido, después una fuente de berzas con morcilla y, al llegar al principio, Fernando se encontró con que, en vez de poner la trucha grande, la condenada del ama había puesto la pequeña, que no tenía más que raspa.

— Hombre, trucha —exclamó Fernando— le voy a hacer una pregunta.

— ¿Qué le vas a preguntar?—dijo el cura riendo, en espera de un chiste.

— Le voy a preguntar a ver si por los demás peces que ha conocido se ha enterado algo de cómo están mis parientes al otro lado del mar, allí en América. Porque estas truchas saben mucho.

— Hombre, sí, pregúntale.

Cogió Fernando la fuente en donde estaba la trucha y se la puso delante, luego acercó el oído muy serio y escuchó.

— ¿Qué, contesta algo? —dijo burlonamente el ama del cura.

— Sí, ya va contestando, ya va contestando.

— ¿Y qué dice? ¿Qué dice? —preguntó el cura.

— Pues dice —contestó Fernando— que es muy pequeña, pero que ahí, en esa despensa, hay guardada una trucha muy grande y que ella debe de saber mejores noticias de mis parientes.»

Una muchacha que estaba en la cocina, al oir la anécdota, se echó a reir con una risa aguda y comunicó su risa a todos.

Rieron también de buena gana Martín y Bautista la manera de señalar del truhán, pero el campesino aseguró que él no tenía arte para estos cuentos.

Le instaron para que siguiera y el hombre contó una nueva ocurrencia de "Pernando".

«— Otra vez —dijo— fué a Idiazabal, donde había un partido de pelota, y llegó tarde a la posada, cuando ya todos estaban sentados. El amo le dijo:

— No hay sitio para ti, Fernando, ni probablemente tampoco habrá comida.

— ¡Bah! —replicó él—. ¡Si me diérais de balde lo que sobre!

— Pues nada, todo lo que sobre para ti.

Se paseó Fernando por el comedor.

En la mesa redonda se habían sentado los dos bandos que habían jugado a la pelota, separados. Fernando, viendo que traían en una fuente piernas de carnero, dijo a dos o tres en voz baja:

— Yo no sé de dónde saca el amo estas piernas de perro tan hermosas y con tanta carne.

— ¿Pero son de perro? —dijeron ellos.

— Sí, de perro; pero no se lo digáis a esos, que se fastidien.

— ¿Pero de veras, Fernando?

— Sí, hombre; yo mismo he visto la cabeza en la cocina. ¡Era un perro de aguas más hermoso!

Dicho esto salió del comedor, y al volver tenían una cazuela con liebre. Fué al otro extremo de la mesa y dijo a los del bando contrario:

— ¡Vaya unos gatos más buenos que compra este fondista a los carabineros!

— ¡Ah!, ¿pero es gato eso?

— Sí, no se lo digáis a esos, pero yo he visto las colas en la cocina.

Poco después, Fernando comía solo y tenía liebre y carnero de sobra. Al anochecer, salieron del pueblo todos, algo borrachos, y alguno se paró a echar la papilla en el camino.

— Es el perro, que le ha hecho daño —decían unos, burlándose.

— Es el gato —decían los otros.

Y nadie quería decir que era el vino.

— Compañeros —dijo Fernando—, cuando se come gato y perro juntos no pasa nada. Ellos riñen en el interior como perros y gatos, pero le dejan a uno en paz.»

La muchacha de la risa aguda rió de nuevo y el campesino comenzó a contar otra anécdota, diciendo:

— No estuvo mal tampoco la manera como Fernando deshizo la boda entre un zapatero rico de Tolosa y una novia suya.

— A ver, a ver cómo fué —dijeron todos.

«— Pues estaba Fernando de aprendiz en la zapatería del difunto Ichtaber, "el Chato de Tolosa", y no sé si vosotros sabréis, pero Ichtaber era un zapatero viejo y muy rico. Tenía Fernando de novia una chica muy guapa, pero Ichtaber, "el Chato", al verla la empezó a cortejar y a decir si se quería casar con él, y, como era rico, ella aceptó. Solían verse la muchacha y el viejo en la zapatería, y el granuja de Ichtaber, para estar más libre, mandaba a Fernando, con cualquier pretexto, a la trastienda. El hacía como que no se incomodaba, pero se vengó. Fué a ver a su novia y habló con ella.

— Sí —la dijo—. Ichtaber es buena persona y hombre de fortuna, es verdad, pero como es zapatero y chato y ha andado toda la vida con pieles, huele muy mal.

— ¡Mentiroso! —dijo ella.

— No, no, fíjate. Ya verás.

Fernando fué a la zapatería, cogió un fuelle grande y lo rellenó de esa casca que queda después de curtidos los pellejos y que huele que apesta; luego hizo un agujero en el tabique de la trastienda y esperó la ocasión oportuna. Por la tarde llegó la chica, é Ichtaber dijo a su aprendiz:

— Oye, Fernando, vete a la trastienda un momento a arreglar esas hormas que hay en la caja.

Salió Fernando; tomó el fuelle. Miró por el agujero. Ichtaber estaba besando la mano de la chica; entonces le apuntó a ella con el fuelle y metió por el agujero del tabique una corriente de aire de mal olor. Cuando Fernando miró después, Ichtaber "el Chato" estaba con la mano en sus diminutas narices y la muchacha lo mismo.

Luego Fernando siguió dándole al fuelle con intermitencias, hasta que se cansó.

Dos días después, fué de nuevo la chica y le pasó lo mismo; y ya no volvió más, porque decía que Ichtaber "el Chato" olía a muerto.

Ichtaber hizo el amor a otra; pero Fernando le jugó la misma pasada con el fuelle, y el zapatero decía a sus amigos:

— "¡Arrayua!" En mi tiempo era otra cosa; las chicas estaban sanas. Ahora, la que más y la que menos huele a perros.»

Volvió a oirse la risa alegre y chillona de la muchacha.

Celebraron los demás circunstantes las granujerías de Fernando el de Amezqueta y fueron a acostarse.

A la mañana siguiente, Martín y Bautista dejaron a Amezqueta y por un sendero llegaron a Ataun, lugar en donde Dorronsoro, el jefe civil carlista, había sido escribano.

Se encontraron en el camino a un muchacho de este pueblo que iba a Echarri-Aranaz y en su compañía tomaron por un camino de herradura que bordeaba la sierra de Aralar.

Hablaron los tres de la marcha de la guerra, y el chico contó una anécdota de Dorronsoro, que no dejaba de tener gracia. Se había presentado a él un señorito de San Sebastián, de familia carlista, de los que llamaban hojalateros, muy gordo y muy lucio.

— Mire usted, don Miguel —había dicho al ex escribano—, yo soy muy carlista y mi familia también lo es; quisiera servir a don Carlos, pero, ya ve usted, no estoy para andar por el monte y desearía entrar en las oficinas.

— Bueno, ya veré si encuentro algo —le dijo Dorronsoro—; vuelva usted mañana.

Volvió al día siguiente el señorito y preguntó:

— ¿Qué, ha encontrado usted algo?

— Sí, ya comprendo que no puede usted salir al monte; de manera que entrará usted en las oficinas... y pagará usted tres pesetas al día.

Celebraron Martín y Bautista la decisión de Dorronsoro. Por la noche llegaron al valle de Araquil y se detuvieron en Echarri-Aranaz.

Entraron en la cocina de la venta a calentarse al fuego. Allí, en vez de las historias del buen truhán Fernando de Amezqueta, tuvieron que oir, contada por una vieja, la historia de don Teodosio de Goñi, un caballero navarro que, después de haber matado a su padre y a su madre, engañado por el Diablo, se fué de penitencia al monte con una cadena al pie, hasta que, pasados muchos años y siendo don Teodosio viejo, se le presentó un dragón, y ya iba a devorarle, cuando apareció el arcángel San Miguel y mató al dragón y rompió las cadenas al caballero.

A Bautista y a Martín les parecieron más entretenidas que esta tonta historia de dragones y de santos las ocurrencias del buen Fernando de Amezqueta.

Estaban oyendo los comentarios a la vida de don Teodosio, cuando se presentó en la venta un señor rubio, que, al ver a Bautista y a Martín, se les quedó mirando atentamente.

— ¡Pero son ustedes!

— Usted es el de...

— El mismo.

Era el extranjero a quien habían libertado de las garras del cura.

— ¿A qué vienen ustedes por aquí? —preguntó el extranjero.

— Vamos a Estella.

— ¿De veras?

— Sí.

— Yo también. Iremos juntos. ¿Conocen ustedes el camino?

— No.

— Yo sí. He estado ya una vez.

— Pero, ¿qué hace usted andando siempre por estos parajes? —le preguntó Martín.

— Es mi oficio —le dijo el extranjero.

— Pues, ¿qué es usted, si se puede saber?

— Soy periodista. La fuga aquella me sirvió para hacer un artículo interesantísimo. Hablaba de ustedes dos y de aquella señorita morena. ¡Qué chica más valiente, eh!

— Ya lo creo.

— Pues, si no tienen ustedes reparo, iremos juntos a Estella.

— ¿Reparo? Al revés. Satisfacción y grande.

Quedaron de acuerdo en marchar juntos.

A las siete de la mañana, hora en que empezó a aclarar, salieron los tres, atravesaron el túnel de Lizárraga y comenzaron a descender hacia la llanada de Estella. El extranjero montaba en un borriquillo, que marchaba casi más deprisa que los matalones en que iban Martín y Bautista. El camino serpenteaba subiendo el desnivel de la sierra de Andía.

Atravesaron posiciones ocupadas por batallones carlistas. Entre los jefes había muchos extranjeros con flamantes uniformes austríacos, italianos y franceses, un tanto carnavalescos.

A media tarde comieron en Lezaun y, arreando las caballerías, pasaron por Abarzuza. El extranjero explicó al paso la posición respectiva de liberales y carlistas en la batalla de Monte Muru y el sitio donde se desarrolló lo más fuerte de la acción, en la que murió el general Concha.

Al anochecer llegaron cerca de Estella.

Mucho antes de entrar en la corte carlista encontraron una compañía con un teniente que les ordenó detenerse. Mostraron los tres su pasaporte.

Al llegar cerca del convento de Recoletos, era ya de noche.

— ¿Quién vive? —gritó el centinela.

— España.

— ¿Qué gente?

— Paisanos.

— Adelante.

Volvieron a mostrar sus documentos al cabo de guardia y entraron en la ciudad carlista.

Capítulo **9**

CÓMO MARTÍN Y EL EXTRANJERO PASEARON DE NOCHE POR ESTELLA Y DE LO QUE HABLARON

Pasaron por el portal de Santiago, entraron en la calle Mayor y preguntaron en la posada si había alojamiento.

Una muchacha apareció en la escalera.

— Está la casa llena —dijo—. No hay sitio para tres personas, sólo una podría quedarse.

— ¿Y las caballerías? —preguntó Bautista.

— Creo que hay sitio en la cuadra.

Fué la muchacha a verlo y Martín dijo a Bautista.

— Puesto que hay sitio para una persona, tú te puedes quedar aquí. Vale más que estemos separados y que hagamos como si no nos conociéramos.

— Sí, es verdad —contestó Bautista.

— Mañana, a la mañana, en la plaza nos encontraremos.

— Muy bien.

Vino la muchacha y dijo que había sitio en la cuadra para los jacos.

Entró Bautista en la casa con las caballerías, y el extranjero y Martín fueron, preguntando, a otra posada del paseo de los Llanos, donde les dieron alojamiento.

Llevaron a Martín a un cuarto desmantelado y polvoriento, en cuyo fondo había una alcoba estrecha, con las paredes cubiertas de unas manchas negras de humo. Sin duda los huéspedes mataban las chinches quemándolas con una vela o con la lamparilla y dejaban estos tranquilizadores rastros. En el gabinete y en la alcoba olía a cuadra, olor que venía de las junturas de las maderas del suelo.

Martín sacó la carta de Levi-Alvarez y el paquete de letras cosido en el cuero de la bota y separó las ya aceptadas y firmadas, de las otras. Como estas todas eran para Estella, las encerró en un sobre y escribió:

«Al general en jefe del ejército carlista.»

— ¿Será prudente —se dijo— entregar estas letras sin garantía alguna?

No pensó mucho tiempo, porque comprendió enseguida que era una locura pedir recibo o fianza.

— La verdad es que, si no quieren firmar, no puedo obligarles, y si me dan un recibo y luego se les ocurre quitármelo, con prenderme están al cabo de la calle. Aquí hay que hacer como si a uno le fuera indiferente la cosa y, si sale bien, aprovecharse de ella, y si no, dejarla.

Esperó a que se secara el sobre. Salió a la calle. Vió en la calle un sargento y, después de saludarle, le preguntó:

— ¿Dónde se podrá ver al general?

— ¡A qué general!

— Al general en jefe. Traigo unas cartas para él.

— Estará probablemente paseando en la plaza. Venga usted.

Fueron a la plaza. En los arcos, a la luz de unos faroles tristes de petróleo, paseaban algunos jefes carlistas. El sargento se acercó al grupo y, encarándose con uno de ellos, dijo:

— Mi general.

— ¿Qué hay?

— Este paisano, que trae unas cartas para el general en jefe.

Martín se acercó y entregó los sobres. El general carlista se arrimó a un farol y los abrió. Era el general un hombre alto, flaco, de unos cincuenta años, de barba negra, con el brazo en cabestrillo. Llevaba una boina grande de gascón con una borla.

— ¿Quién ha traído esto? —preguntó el general con voz fuerte.

— Yo —dijo Martín.

— ¿Sabe usted lo que venía aquí dentro?

— No, señor.

— ¿Quién le ha dado a usted estos sobres?

— El señor Levi-Alvarez de Bayona.

— ¿Cómo ha venido usted hasta aquí?

— He ido de San Juan de Luz a Zumaya en barco, de Zumaya aquí a caballo.

— ¿Y no ha tenido usted ningún contratiempo en el camino?

— Ninguno.

— Aquí hay algunos papeles que hay que entregar al rey. ¿Quiere usted entregarlos o que se los entregue yo?

— No tengo más encargo que dar estos sobres y, si hay contestación, volverla a Bayona.

— ¿No es usted carlista? —preguntó el general, sorprendido del tono de indiferencia de Martín.

— Vivo en Francia y soy comerciante.

— Ah, vamos, es usted francés.

Martín calló.

— ¿Dónde para usted? —siguió preguntando el general.

— En una posada de ese paseo...

— ¿Del paseo de los Llanos?

— Creo que sí. Así se llama.

— ¿Hay una administración de coches en el portal? ¿No?

— Sí, señor.

— Entonces, es la misma, ¿Piensa usted estar muchos días en Estella?

— Hasta que me digan si hay contestación o no.

— ¿Cómo se llama usted?

— Martín Tellagorri.

— Está bien. Puede usted retirarse.

Saludó Martín y se fué a la posada. A la puerta se encontró con el extranjero.

— ¿Dónde se mete usted? —le dijo—. Le andaba buscando.

— He ido a ver al general en jefe.

— ¿De veras?

— Sí.

— ¿Y le ha visto usted?

— Ya lo creo. Y le he dado las cartas que traía para él.

— ¡Demonio! Eso sí que es ir de prisa. No le quisiera tener a usted de rival en un periódico. ¿Qué le ha dicho a usted?

— Ha estado muy amable.

— Tenga usted cuidado, por si acaso. Mire usted que estos son unos bandidos.

— Le he indicado que soy francés.

— Bah, no importa. Este verano han fusilado a un periodista alemán amigo mío. Tenga usted cuidado.

— ¡Oh! Lo tendré.

— Ahora, vamos a cenar.

Subieron las escaleras y entraron en una cocina grande.

Varios paisanos y soldados, congregados allí, charlaban. Se sentaron a cenar a una mesa larga, iluminada por un velón de varios mecheros que colgaba del techo.

Un hombre viejo, bajito, que presidía la mesa, se quitó la boina y comenzó a rezar; todos los comensales hicieron lo mismo, menos el extranjero a quien advirtió Martín de su olvido y que, al darse cuenta, se quitó apresuradamente la gorra.

En el transcurso de la cena, el hombre bajito habló más que nadie. Era navarro de la Ribera. Tenía un tipo repulsivo, chato, de mirada oblicua, pómulos salientes, la boina pequeña echada sobre los ojos, como si instintivamente quisiera ocultar su mirada. Defendía la conducta del cabecilla asesino Rosas Samaniego, que estaba entonces preso en Estella, y le parecía poca cosa el echar a los hombres por la sima de Igusquiza, tratándose de liberales y de hombres que blasfemaban de su Dios y de su religión.

Contó el tal viejo varias historias de la guerra carlista anterior. Una de ellas era verdaderamente odiosa y cobarde. Una vez cerca de un río, yendo con la partida, se encontraron con diez o doce soldados jovencitos que lavaban sus camisas en el agua.

— A bayonetazos acabamos con todos —dijo el hombre sonriendo, luego añadió hipócritamente— Dios nos lo habrá perdonado.

Durante la cena, el repulsivo viejo estuvo contando hazañas por el estilo. Aquel tipo miserable y siniestro era fanático, violento y cobarde, se recreaba contando sus fechorías, manifestaba crueldad bastante para disimular su cobardía, tosquedad para darla como franqueza y ruindad para darle el carácter de habilidad. Tenía la doble bestialidad de ser fanático y de ser carlista.

Este desagradable y antipático personaje se puso después a clasificar los batallones carlistas según su valor; primero eran los navarros, como era natural, siendo él navarro, luego los castellanos, después los alaveses, luego los guipuzcoanos y al último los vizcaínos.

Por el curso de la conversación se veía que había allá un ambiente de odios terribles; navarros, vascongados, alaveses, aragoneses y castellanos se odiaban a muerte. Todo ese fondo cabileño que duerme en el instinto provincial español estaba despierto. Unos se reprochaban a otros el ser cobardes, granujas y ladrones.

Martín se ahogaba en aquel antro, y sin tomar el postre, se levantó de la mesa para marcharse. El extranjero le siguió y salieron los dos a la calle.

Lloviznaba. En algunas tabernas obscuras, a la luz de un quinqué de petróleo, se veían grupos de soldados. Se oía el rasguear de la guitarra; de cuando en cuando una voz cantaba la jota, en la calle negra y silenciosa.

— Ya me está a mí cargando esta canción estólida —murmuró Martín.

— ¿Cuál? —preguntó el extranjero.

— La jota. La encuentro como una cosa petulante. Me parece que le estoy oyendo hablar a ese viejo navarro de la posada. El que la canta quiere decir: «Yo soy más valiente que nadie, más noble que nadie, mas heroico que nadie.»

— ¿Y estos no son más valientes que los demás españoles? —preguntó el extranjero maliciosamente.

— No lo sé; yo no lo creo, por lo menos. Yo, ahora mismo, si tuviera quinientos hombres tomaba Estella por asalto y le pegaba fuego.

— ¡Ja! ¡Ja! Es usted un hombre extraordinario.

— Es que lo digo porque lo creo.

Yo también lo creo, y siento que no tenga usted los quinientos hombres. ¿Y que decía usted de la gente del Ebro?

— Nada, que han decidido ellos mismos que son los únicos francos, los únicos leales, porque hablan muy en bruto y cantan la jota.

— ¿De manera que para usted este canto es como una falsificación del valor y de la energía?

— Sí, algo así.

— Está bien. Lo diré en mi próxima crónica. ¿No le parece a usted mal que me sirva de sus opiniones?

— De ningún modo, porque a mí no me sirven para nada.

Siguieron paseando, pero al alejarse un poco, un centinela les dió el alto y volvieron a la plaza. Se hallaba ésta solitaria.

Dieron varias vueltas y un sereno les saludó y les dijo:

— ¿Qué hacen ustedes aquí?

— ¿No se puede pasear? —preguntó Zalacaín.

— Hombre, sí; pero no es una hora muy a propósito.

— Es que hemos cenado tarde y estábamos dando una vuelta —dijo el extranjero— no quisiéramos acostarnos tan pronto.

— ¿Por qué no van ustedes allí? —dijo el sereno, señalando los balcones de una casa que brillaban iluminados.

— ¿Qué es lo que hay allí? —preguntó Martín.

— El Casino —contestó el sereno.

— ¿Y qué hacen ahora? —dijo el extranjero.

— Estarán jugando.

Se despidieron del vigilante nocturno y dejaron la plaza.

Después, dando un rodeo, salieron al paseo de Los Llanos. Una campana de un convento comenzó a tocar.

— Juego, campanas, carlismo y jota. ¡Qué español es esto, mi querido Martín! —dijo el extranjero.

— Pues yo también soy español y todo eso me es muy antipático —contestó Martín.

— Sin embargo, son los caracteres que constituyen la tradición de su país —dijo el extranjero.

— Mi país es el monte —contestó Zalacaín.

Capítulo 10

CÓMO TRANSCURRIÓ EL SEGUNDO DÍA EN ESTELLA

Conformes Martín y Bautista, se encontraron en la plaza. Martín consideró que no convenía que le viesen hablar con su cuñado, y para decir lo hecho por él la noche anterior escribió en un papel su entrevista con el general.

Luego se fué a la plaza. Tocaba la charanga. Había unos soldados formados. En el balcón de una casa pequeña, enfrente de la iglesia de San Juan, estaba don Carlos con algunos de sus oficiales.

Esperó Martín a ver a Bautista y cuando le vió le dijo:

— Que no nos vean juntos —y le entregó el papel.

Bautista se alejó, y poco después se acercó de nuevo a Martín y le dió otro pedazo de papel.

— ¿Qué pasará? —se dijo Martín.

Se fué de la plaza, y cuando se vió solo, leyó el papel de Bautista que decía:

«Ten cuidado. Está aquí el Cacho de sargento. No andes por el centro del pueblo».

La advertencia de Bautista la consideró Martín de gran importancia. Sabía que el Cacho le odiaba y que colocado en una posición superior, podía vengar sus antiguos rencores con toda la saña de aquel hombre pequeño, violento y colérico.

Martín pasó por el puente del Azucarero contemplando el agua verdosa del río. Al llegar a la plazoleta donde comienza la Rua Mayor del pueblo viejo, Martín se detuvo frente al palacio del duque de Granada, convertido en cárcel, a contemplar una fuente con un león tenante en medio, en cuyas garras sujeta un escudo de Navarra.

Estaba allí parado, cuando vió que se le acercaba el extranjero.

— ¡Hola, querido Martín! —le dijo.

— ¡Hola! ¡Buenos días!

— ¿Va usted a echar un vistazo por este viejo barrio?

— Sí.

— Pues iré con usted.

Tomaron por la Rua Mayor, la calle principal del pueblo antiguo. A un lado y a otro se levantaban hermosas casas de piedra amarilla, con escudos y figuras tallados.

Luego, terminada la Rua, siguieron por la calle de Curtidores. Las antiguas casas solariegas mostraban sus grandes puertas cerradas; en algunos portales, convertidos en talleres de curtidores, se veían filas de pellejos colgados y en el fondo el agua casi inmóvil del río Ega, verdosa y turbia.

Al final de esta calle se encontraron con la iglesia del Santo Sepulcro y se pararon a contemplarla. A Martín le pareció aquella portada de piedra amarilla, con sus santos desnarigados a pedradas, una cosa algo grotesca, pero el extranjero aseguró que era magnífica.

— ¿De veras? —preguntó Martín.

— ¡Oh! ¡Ya lo creo!

— ¿Y la habrá hecho la gente de aquí? —preguntó Martín.

— ¿Le parece a usted imposible que los de Estella hagan una cosa buena? —preguntó riendo el extranjero.

— ¡Qué sé yo! No me parece que en este pueblo se haya inventado la pólvora.

En una calle transversal, las paredes de las antiguas casas hidalgas derrumbadas servían de cerca para los jardines. No se alejaron más porque a pocos pasos estaba ya la guardia. Volvieron y subieron a San Pedro de la Rua, iglesia colocada en un alto, a la cual se llegaba por unas escaleras desgastadas, entre cuyas losas crecía la hierba.

— Sentémonos aquí un momento —dijo el extranjero.

— Bueno, como usted quiera.

Desde allí se veía casi todo Estella, y los montes que le rodean, abajo el tejado de la cárcel y en un alto la ermita del Puy. Una vieja limpiaba las escaleras de piedra de la iglesia con una escoba y cantaba a voz en grito:

<

¡Adiós los Llanos de Estella.
San Benito y Santa Clara,
Convento de Recoletos
donde yo me paseaba!

— Ya ve usted —dijo el extranjero— que, aunque a usted le parezca este pueblo tan desagradable, hay gente que le tiene cariño.

— ¿Quién? —dijo Martín.

— El que ha inventado esa canción.

— Era un hombre de mal gusto.

La vieja se acercó al extranjero y a Martín y entabló conversación con ellos. Era una mujer pequeña, de ojos vivos y tez tostada.

— ¿Usted será carlista? ¿Eh? —le preguntó el extranjero.

— Ya lo creo. En Estella todos somos carlistas y tenemos la seguridad de que vendrá don Carlos con ayuda de Dios.

— Sí, es muy probable.

— ¿Cómo probable? —exclamó la vieja—. Es seguro. ¿Usted no será de aquí?

— No, no soy español.

— Ah, vamos.

Y la vieja, después de mirarle con curiosidad, siguió barriendo las escaleras.

— Creo que le ha tenido a usted lástima al saber que no es usted español —dijo Martín.

— Sí, parece que sí —contestó el extranjero—. La verdad es que es triste que por ese estúpido hombre guapo se mate esta pobre gente.

— ¿Por quién lo dice usted, por don Carlos? —preguntó Martín.

— Sí.

— ¿Usted también cree que no es hombre de talento?

— ¡Qué va a ser! Es un tipo vulgar sin ninguna condición. Luego, no tiene idea de nada. Hablé con él cuando el bombardeo de Irún, y no se puede usted figurar nada más plano y más opaco.

— Pues no lo diga usted por ahí, porque le hacen a usted pedazos. Estos bestias están dispuestos a morir por su rey.

— Oh, no lo diría. Además ¿para qué? No había de convencer a nadie; unos son fanáticos y otros aventureros y ninguno está dispuesto a dejarse persuadir. Pero no crea usted que todos tienen un gran respeto ni por don Carlos ni por sus generales. ¿No ha oído usted en la posada que hablan algunas veces de don Bobo? pues se refieren al Pretendiente.

Vieron el extranjero y Martín las otras iglesias del pueblo, la Peña de los Castillos y la parroquia de Santa María, y volvieron a comer.

Afortunadamente, el viejecillo antipático no se sentaba a la mesa y en cambio estaban un legitimista francés, el conde de Haussonville, de la legación extranjera, y un joven comandante carlista llamado Iceta.

El conde de Haussonville fué la alegría de la mesa. El conde, hombre de unos cuarenta años, alto, grueso, derecho, rubio, hablaba en un castellano grotesco.

Lo verdaderamente gracioso de Haussonville era su apetito voraz. Todo lo que le daban de comer no le servía más que de aperitivo. Había venido desde Caspe llevando prisionero a un brigadier valenciano carlista a que conpareciera ante el Estado Mayor de don Carlos, y contaba su expedición de tal manera que hacía morirse de risa a todos.

Explicó su estancia en un pueblo, con el batallón metido en una iglesia, sin poder moverse por estar los caminos intransitables por la nieve, no comiendo más que habichuelas y teniendo por retrete un confesionario, y dió tales detalles, que todo el mundo reía a carcajadas.

— Un día, sobre todo, nos trajeron sidra —dijo el francés— y entre la sidra y las habichuelas se nos armó una, que tuvimos que hacer cola delante del confesionario. Pocas veces se ha visto una congregación de fieles tan apenados para entrar en el confesionario como nosotros. Jefes y soldados íbamos con gran dolor de corazón a cantar nuestra canción de las habichuelas a la pequeña garita del señor cura.

Después de maldecir de la alimentación leguminosa y de la alimentación "patatosa", habló del resto del viaje.

Cada pueblo del tránsito le parecía una estación de calvario para su estómago hambriento; recordaba las aldeas por lo que había comido, o mejor dicho, por lo que había ayunado; aquí habían dado por toda comida un caldo de berzas, allá por cena una colación de verduras cocidas; y para colmo de desdichas, estaba alojado en Estella en casa de unas viejas solteronas y por la mañana le daban chocolate con agua, por la tarde cocido, y de noche una sopa de ajo infame.

— Y siempre, siempre, poco —decía Haussonville, levantando los brazos al cielo.

Iceta era un aventurero. Había estado al principio en la guerra, luego se fué a una república americana, tomó parte en una revolución y después, expulsado de allí por rebelde, volvía al ejército carlista, en donde estaba ya violento y deseando marcharse.

Siguiéndole a todas partes como amigo y asesor, iba un antiguo criado suyo que se llamaba Asensio, pero a quien se le conocía por estos dos motes: Asensio Lapurrá (Asensio el Ladrón) y Asenchio Araguiarrapatzallia (Asensio el decomisador de carne).

Este mote lo debía Asensio a haber sido consumero en su pueblo.

Asensio era graciosísimo hablando castellano; no había palabra que empleara bien.

Siempre que tenía que decir andamos, decía andemos; y al contrario, empleaba vaiga por vaya, y hagáis por haced.

La conversación entre el conde de Haussonville y Asenchio Lapurrá era de lo más dislocada y pintoresca.

— Si aquí hubiera un buen "quenerral" —decía Haussonville— la "querra" estaba resuelta.

— "Pueda, pueda" que sí —contestaba Asensio.

— No saben "manecar" un grande "equercito", amigo Asensio.

— Si "supieseis de tática", otra cosa sería.

Martín y el extranjero intimaron con Haussonville, con Iceta y con Asenchio Lapurrá y se rieron a carcajadas con los mil quidprocuos que resultaban en la conversación del francés y del vasco.

Asensio había estado en Cuba algún tiempo, de soldado, y contó anécdotas de aquella tierra. Lo que más le gustaba era hablar de los chinos.

— Son de "mal" intención, pero buenos cocineros, eso si. "Digáis" a un chino que os haga un arroz. Os hace una cosa "manífica". Es gente "raro". Luego se ponen a "chun, chun, chun". ¿Y entenderles? nada. ¿A nosotros? Rabia nos tenían. Y al que cogían "la" martirizaban. ¡Pse! Nosotros "tamíen" algunos "matemos".

Martín se reía a carcajadas con las explicaciones de Asenchio Lapurrá.

Después de comer en la posada, Martín, el extranjero, Iceta, Haussonville y Asensio fueron a un café de la plaza, donde estuvieron hablando. Había ejercicios espirituales en la iglesia de San Juan, y una porción de beatos y de oficiales carlistas iban a la iglesia.

— ¡Qué país! —dijo Haussonville— la gente no hace más que ir a la iglesia. Todo es para el señor cura: las buenas comidas, las buenas chicas... Aquí no hay nada que hacer, todo para el señor cura.

Iceta y Haussonville contemplaban con desprecio aquel tropel de gente que se encaminaba hacia la iglesia.

— ¡Bestias! —exclamaba Iceta dando puñetazos en la mesa—. No quisiera más que poder ametrallarlos.

El francés murmuraba como diciéndoselo a sí mismo:

— ¡España! ¡España! "¡Jamais de la vie!" Mucha hidalguía, mucha misa, mucha jota, pero poco alimento.

— La guerra —añadía Asensio, metiendo la cucharada— es cosa nada "bueno".

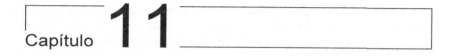

Capítulo **11**

CÓMO LOS ACONTECIMIENTOS SE ENREDARON, HASTA EL PUNTO DE QUE MARTÍN DURMIÓ EL TERCER DÍA DE ESTELLA EN LA CÁRCEL

Al día siguiente, por la noche, iba a acostarse Martín, cuando la posadera le llamó y le entregó una carta, que decía:

«Preséntese usted mañana de madrugada en la ermita del Puy, en donde se le devolverán las letras ya firmadas. El General en Jefe.» Debajo había una firma ilegible.

Martín se metió la carta en el bolsillo, y viendo que la posadera no se marchaba de su cuarto, le preguntó:

— ¿Quería usted algo?

— Sí; nos han traído dos militares heridos y quisiéramos el cuarto de usted para uno de ellos. Si usted no tuviera inconveniente, le trasladaríamos abajo.

— Bueno, no tengo inconveniente.

Bajó a un cuarto del piso principal, que era una sala muy grande con dos alcobas. La sala tenía en medio un altar, iluminado con unas lámparas tristes de aceite. Martín se acostó; desde su cama veía las luces oscilantes, pero estas cosas no influían en su imaginación, y quedó dormido.

Era más de media noche, cuando se despertó algo sobresaltado. En la alcoba próxima se oían quejas, alternando con voces de ¡Ay, Dios mío! ¡Ay, Jesús mío!

— ¡Qué demonio será esto! —pensó Martín.

Miró el reloj. Eran las tres. Se volvió a tender en la cama, pero con los lamentos no se pudo dormir y le pareció mejor levantarse. Se vistió y se acercó a la alcoba próxima, y miró por entre las cortinas. Se veía vagamente a un hombre tendido en la cama.

— ¿Qué le pasa a usted? —preguntó Martín.

— Estoy herido —murmuró el enfermo.

— ¿Quiere usted alguna cosa?

— Agua.

A Martín le dió la impresión de conocer esta voz. Buscó por la sala una botella de agua, y como no había en el cuarto, fué a la cocina. Al ruido de sus pasos, la voz de la patrona preguntó:

— ¿Qué pasa?

— El herido que quiere agua.

— Voy.

La patrona apareció en enaguas, y dijo, entregando a Martín una lamparilla:

— Alumbre usted.

Tomaron el agua y volvieron a la sala. Al entrar en la alcoba, Martín levantó el brazo, con lo que iluminó el rostro del enfermo y el suyo. El herido tomó el vaso en la mano, é incorporándose y mirando a Martín comenzó a gritar:

— ¿Eres tú? ¡Canalla! ¡Ladrón! ¡Prendedle! ¡Prendedle!

El herido era Carlos Ohando.

Martín dejó la lamparilla sobre la mesa de noche.

— Márchese usted —dijo la patrona—. Está delirando.

Martín sabía que no deliraba; se retiró a la sala y escuchó, por si Carlos contaba alguna cosa a la patrona. Martín esperó en su alcoba. En la sala, debajo del altar, estaba el equipaje de Ohando, consistente en un baúl y una maleta. Martín pensó que quizá Carlos guardara alguna carta de Catalina, y se dijo:

— Si esta noche encuentro una buena ocasión, descerrajaré el baúl.

— No la encontró. Iban a dar las cuatro de la mañana, cuando Martín, envuelto en su capote, se marchó hacia la ermita del Puy. Los carlistas estaban de maniobras. Llegó al campamento de don Carlos, y, mostrando su carta, le dejaron pasar.

— El Señor está con dos Reverendos Padres —le advirtió un oficial.

— Vayan al diablo el Señor y los Reverendos Padres —refunfuñó Zalacaín—. La verdad es que este rey es un rey ridículo.

Esperó Martín a que despachara el Señor con los Reverendos, hasta que el rozagante Borbón, con su aire de hombre bien cebado, salió de la ermita, rodeado de su Estado Mayor. Junto al Pretendiente iba una mujer a caballo, que Martín supuso sería doña Blanca.

— Ahí está el Rey. Tiene usted que arrodillarse y besarle la mano—dijo el oficial.

Zalacaín no replicó.

— Y darle el título de Majestad.

Zalacaín no hizo caso.

Don Carlos no se fijó en Martín y éste se acercó al general, quien le entregó las letras firmadas. Zalacaín las examinó. Estaban bien.

En aquel momento, un fraile castrense, con unos gestos de energúmeno, comenzó a arengar a las tropas.

Martín, sin que lo notara nadie, se fué alejando de allí y bajó al pueblo corriendo. El llevar en su bolsillo su fortuna, le hacía ser más asustadizo que una liebre.

A la hora en que los soldados formaban en la plaza, se presentó Martín y, al ver a Bautista, le dijo:

— Vete a la iglesia y allí hablaremos.

Entraron los dos en la iglesia, y en una capilla obscura se sentaron en un banco.

— Toma las letras —le dijo Martín a Bautista—. ¡Guárdalas!

— ¿Te las han dado ya firmadas?

— Sí.

— Hay que prepararse a salir de Estella en seguida.

— No sé si podremos —dijo Bautista.

— Aquí estamos en peligro. Además del Cacho, se encuentra en Estella Carlos Ohando.

— ¿Cómo lo sabes?

— Porque le he visto.

— ¿En dónde?

— Está en mi casa herido.

— ¿Y te ha visto él?

— Sí.

— Claro, están los dos —exclamó Bautista.

— ¿Cómo los dos? ¿Qué quieres decir con eso?

— ¿Yo? Nada.

— ¿Tú sabes algo?

— No, hombre, no.

— O me lo dices, o se lo pregunto al mismo Carlos Ohando. ¿Es que está aquí Catalina?

— Sí, está aquí.

— ¿De veras?

— Sí.

— ¿En dónde?

— En el convento de Recoletas.

— ¡Encerrada! ¿Y cómo lo sabes tú?

— Porque la he visto.

— ¡Qué suerte! ¿La has visto?

— Sí. La he visto y la he hablado.

— ¡Y eso querías ocultarme! Tú no cres amigo mío, Bautista.
Bautista protestó.

— ¿Y ella sabe que estoy aquí?

— Sí, lo sabe.

— ¿Cómo se puede verla? —dijo Zalacaín.

— Suele bordar en el convento, cerca de la ventana, y por la tarde sale a pasear a la huerta.

— Bueno. Me voy. Si me ocurre algo, le diré a ese señor extranjero que vaya a avisarte. Mira a ver si puedes alquilar un coche para marcharnos de aquí.

— Lo veré.

— Lo más pronto que puedas.

— Bueno.

— Adiós.

— Adiós y prudencia.

Martín salió de la iglesia, tomó por la calle Mayor hacia el convento de las Recoletas, paseó arriba y abajo, horas y horas sin llegar a ver a Catalina. Al anochecer tuvo la suerte de verla asomada a una ventana. Martín levantó la mano, y su novia, haciendo como que no le conocía, se retiró de la ventana. Martín quedó helado; luego Catalina volvió a aparecer y lanzó un ovillo de hilo casi a los pies de Martín. Zalacaín lo recogió; tenía dentro un papel que decía: «A las ocho podemos hablar un momento. Espera cerca de la puerta de la tapia.» Martín volvió a la posada, comió con un apetito extraordinario y a las ocho en punto estaba en la puerta de la tapia esperando. Daban las ocho en el reloj de las iglesias de Estella, cuando Martín oyó dos golpecitos en la puerta, Martín contestó del mismo modo.

— ¿Eres tu, Martín? —preguntó Catalina en voz baja.

— Sí, soy yo. ¿No nos podemos ver?

— Imposible.

— Yo me voy a marchar de Estella. ¿Querrás venir conmigo? —pregunto Martín.

— Sí; pero ¡cómo salir de aquí!

— ¿Estás dispuesta a hacer todo lo que yo te diga?

— Si.

— ¿A seguirme a todas partes?

— A todas partes.

— ¿De veras?

— Aunque sea a morir. Ahora, vete. ¡Por Dios! No nos sorprendan.

Martín se había olvidado de todos sus peligros; marchó a su casa y sin pensar en espionajes entró en la posada a ver a Bautista y le abrazó con entusiasmo.

— Pasado mañana —dijo Bautista— tenemos el coche.

— ¿Lo has arreglado todo?

— Sí.

Martín salió de casa de su cuñado silbando alegremente. Al llegar cerca de su posada, dos serenos que parecían estar espiándole se le acercaron y le mandaron callar de mala manera.

— ¡Hombre! ¿No se puede silbar? —preguntó Martín.

— No, señor.

— Bueno. No silbaré.

— Y si replica usted, va usted a la cárcel.

— No replico.

— ¡Hala! ¡Hala! A la cárcel.

Zalacaín vió que buscaban un pretexto para encerrarle y aguantó los empellones que le dieron, y en medio de los dos serenos entró en la cárcel.

Capítulo 12

EN QUE LOS ACONTECIMIENTOS MARCHAN AL GALOPE

Entregaron los serenos a Martín en manos del alcaide, y éste le llevó hasta un cuarto obscuro con un banco y una cantarilla para el agua.

— Demonio —exclamó Martín—, aquí hace mucho frío. ¿No hay sitio dónde dormir?

— Ahí tiene usted el banco.

— ¿No me podrían traer un jergón y una manta para tenderme?

— Si paga usted...

— Pagaré lo que sea. Que me traigan un jergón y dos mantas.

El alcaide se fué, dejando a obscuras a Martín, y vino poco después con un jergón y las mantas pedidas. Le dió Martín un duro, y el carcelero, amansado, le preguntó:

— ¿Qué ha hecho usted para que le traigan aquí?

— Nada. Venía distraído silbando por la calle. Y me ha dicho el sereno: «No se silba.» Me he callado, y sin más ni más, me han traído a la cárcel.

— ¿Usted no se ha resistido?

— No.

— Entonces será por otra cosa por lo que le han encerrado.

Martín dijo que así se lo figuraba también él. Le dió las buenas noches el carcelero; contestó Zalacaín amablemente, y se tendió en el suelo.

— Aquí estoy tan seguro como en la posada —se dijo—. Allí me tienen en sus manos, y aquí también, luego estoy igual. Durmamos. Veremos lo que se hace mañana.

A pesar de que su imaginación se le insubordinaba, pudo conciliar el sueño y descansar profundamente.

Cuando despertó, vió que entraba un rayo de sol por una alta ventana iluminando el destartalado zaquizamí. Llamó a la puerta, vino el carcelero, y le preguntó:

— ¿No le han dicho a usted por qué estoy preso?

— No.

— ¿De manera que me van a tener encerrado sin motivo?

— Quizá sea una equivocación.

— Pues es un consuelo.

— ¡Cosas de la vida! Aquí no le puede pasar a usted nada.

— ¡Si le parece a usted poco estar en la cárcel!

— Eso no deshonra a nadie.

Martín se hizo el asustadizo y el tímido, y preguntó:

— ¿Me traerá usted de comer?

— Sí. ¿Hay hambre, eh?

— Ya lo creo.

— ¿No querrá usted rancho?

— No.

— Pues ahora le traerán la comida. —Y el carcelero se fué, cantando alegremente.

Comió Martín lo que le trajeron, se tendió envuelto en la manta, y después de un momento de siesta, se levantó a tomar una resolución.

— ¿Qué podría hacer yo? —se dijo—. Sobornar al alcaide exigiría mucho dinero. Llamar a Bautista es comprometerle. Esperar aquí a que me suelten es exponerme a cárcel perpetua, por lo menos a estar preso hasta que la guerra termine... Hay que escaparse, no hay más remedio.

Con esta firme decisión, comenzó a pensar un plan de fuga. Salir por la puerta era difícil. La puerta, además de ser fuerte, se cerraba por fuera con llave y cerrojo. Después, aun en el caso de aprovechar una ocasión y poder salir de allá, quedaba por recorrer un pasillo largo y luego unas escaleras... Imposible.

Había que escapar por la ventana. Era el único recurso.

— ¿A dónde dará esto? —se dijo.

Arrimó el banco a la pared, se subió a él, se agarró a los barrotes y a pulso se levantó hasta poder mirar por la reja. Daba el ventanillo a la plaza de la fuente, en donde el día anterior se había encontrado con el extranjero.

Saltó al suelo y se sentó en el banco. La reja, era alta, pequeña, con tres barrotes sin travesaño.

— Arrancando uno, quizá puediera pasar —se dijo Martín—.
Y esto no sería difícil... luego necesitaría una cuerda. ¿De dónde sacaría yo una cuerda? ... La manta... la manta cortada en
liras me podía servir...

No tenía mas instrumento que un cortaplumas pequeño.

— Hay que ver la solidez de la reja —murmuró.

Volvió a subir. Se hallaba la reja empotrada en la pared, pero
no tenía gran resistencia.

Los barrotes estaban sujetos por un marco de madera, y el
marco en un extremo se hallaba apolillado. Martín supuso que
no sería difícil romper la madera y quitar el barrote de un lado.

Cortó una tira de la manta y pasándola por el barrote de en
medio y atándole después por los extremos formó una abraza-
dera y metió dos patas del banco en este anillo y las otras dos
las sujetó en el suelo.

Contaba así con una especie de plano inclinado para llegar a
la reja. Subió por él deslizándose, se agarró con la mano izquierda a un barrote y con la derecha armada del cortaplumas,
comenzó a roer la madera del marco.

La postura no era cómoda, ni mucho menos, pero la constan-
cia de Zalacaín no cejaba, y tras de una hora de rudo trabajo,
logró arrancar el barrote de su alvéolo.

Cuando lo tuvo ya suelto, lo volvió a poner como antes, quitó
el banco de su posición oblicua, ocultó las astillas arrancadas
del marco de la ventana en el jergón, y esperó la noche.

El carcelero le llevó la cena, y Martín le preguntó con empe-
ño si no habían dispuesto nada respecto a él, si pensaban te-
nerlo encerrado sin motivo alguno.

El carcelero se encogió de hombros y se retiró en seguida
tarareando.

Inmediatamente que Zalacaín se vió solo, puso manos a la
obra.

Tenía la absoluta seguridad de poderse escapar. Sacó el cortaplumas y comenzó a cortar las dos mantas de arriba abajo.
Hecho esto, fué atando las tiras una a otra hasta formar una
cuerda de quince brazas. Era lo que necesitaba.

Después pensó dejar un recuerdo alegre y divertido en la cárcel. Cogió la cantarilla del agua y le puso su boina y la dejó envuelta en el trozo que quedaba de manta.

— Cuando se asome el carcelero podrá creer que sigo aquí durmiendo. Si gano con esto un par de horas, me pueden servir admirablemente para escaparme.

Contempló el bulto con una sonrisa, luego subió a la reja, ató un cabo de la cuerda a los dos barrotes y el otro extremo lo echó fuera poco a poco. Cuando toda la cuerda quedó a lo largo de la pared, pasó el cuerpo con mil trabajos por la abertura, que dejaba el barrote arrancado, y comenzó a descolgarse resbalándose por el muro.

Cruzó por delante de una ventana iluminada. Vió a alguien que se movía a través de un cristal. Estaba a cuatro o cinco metros de la calle, cuando oyó ruido de pasos. Se detuvo en su descenso y ya comenzaban a dejar de oirse los pasos cuando cayó a tierra, metiendo algún estrépito.

Uno de los nudos debía de haberse soltado porque le quedaba un trozo de cuerda entre los dedos. Se levantó.

— No hay avería. No me he hecho nada —se dijo—. Al pasar por cerca de la fuente de la plaza tiró el resto de la cuerda al agua. Luego, deprisa, se dirigió por la calle de la Rua.

Iba marchando volviéndose para mirar atrás, cuando vió a la luz de un farol que oscilaba colgando de una cuerda dos hombres armados con fusiles, cuyas bayonetas brillaban de un modo siniestro. Estos hombres sin duda le seguían. Si se alejaba iba a dar a la guardia de extra-muros. No sabiendo qué hacer y viendo un portal abierto, entró en él, y empujando suavemente la puerta, la cerró.

Oyó el ruido de los pasos de los hombres en la acera. Esperó a que dejaran de oirse, y cuando estaba dispuesto a salir, bajó una mujer vieja al zaguán y echó la llave y el cerrojo de la puerta.

Martín se quedó encerrado. Volvieron a oirse los pasos de los que le perseguían.

— No se van —pensó.

Efectivamente, no sólo no se fueron, sino que llamaron en la casa con dos aldabonazos.

Apareció de nuevo la vieja con un farol y se puso al habla con los de fuera sin abrir.

— ¿Ha entrado aquí algún hombre? —preguntó uno de los perseguidores.

— No.

— ¿Quiere usted verlo bien? Somos de la ronda.

— Aquí no hay nadie.

— Registre usted el portal.

Martín, al oír esto, agazapándose, salió del portal y ganó la escalera. La vieja paseó la luz del farol por todo el zaguán y dijo:

— No hay nadie, no, no hay nadie.

Martín pretendió volver al zaguán, pero la vieja puso el farol de tal modo que iluminaba el comienzo de la escalera. Martín no tuvo más remedio que retirarse hacia arriba y subir los escalones de dos en dos.

— Pasaremos aquí la noche —se dijo.

No había salida alguna. Lo mejor era esperar a que llegase el día y abriesen la puerta. No quería exponerse a que lo encontraran dentro estando la casa cerrada, y aguardó hasta muy entrada la mañana.

Serían cerca de las nueve cuando comenzó a bajar las escaleras cautelosamente. Al pasar por el primer piso vió en un cuarto muy lujoso, y extendido sobre un sofá, un uniforme de oficial carlista, con su boina y su espada. Tenía tal convencimiento Martín de que sólo a fuerza de audacia se salvaría, que se desnudó con rapidez, se puso el uniforme y la boina, luego se ciñó la espada, se echó el capote por encima y comenzó a bajar las escaleras, taconeando. Se encontró con la vieja de la noche anterior, y al verla la dijo:

— ¿Pero no hay nadie en esta casa?

— ¿Qué quería usted? No le había visto.

— ¿Vive aquí el comandante don Carlos Ohando?

— No, señor, aquí no vive.

— ¡Muchas gracias!

Martín salió a la calle, y embozado y con aire conquistador se dirigió a la posada en donde vivía Bautista.

— ¡Tú! —exclamó Urbide—. ¿De dónde sales con ese uniforme? ¿Qué has hecho en todo en todo el día de ayer? Estaba intranquilo. ¿Qué pasa?

— Todo lo contaré. ¿Tienes el coche?

— Sí, pero...

— Nada, tráetelo en seguida, lo más pronto que puedas. Pero a escape.

Martín se sentó a la mesa y escribió con lápiz en un papel: «Querida hermana. Necesito verte. Estoy herido, gravísimo. Ven inmediatamente en el coche con mi amigo Zalacaín. Tu hermano, Carlos.»

Después de escribir el papel, Martín se paseó con impaciencia por el cuarto. Cada minuto le parecía un siglo. Dos horas larguísimas tuvo que estar esperando con angustias de muerte. Al fin, cerca de las doce, oyó un ruido de campanillas.

Se asomó al balcón. A la puerta aguardaba un coche tirado por cuatro caballos. Entre éstos distinguió Martín los dos jacos en cuyos lomos fueron desde Zumaya hasta Estella. El coche, un landó viejo y destartalado, tenía un cristal y uno de los faroles atado con una cuerda.

Bajó las escaleras Martín embozado en la capa, abrió la portezuela del coche, y dijo a Bautista:

— Al convento de Recoletas.

Bautista, sin replicar, se dirigió hacia el sitio indicado. Cuando el coche se detuvo frente al convento, Bautista, al salir Zalacaín, le dijo:

— ¿Qué disparate vas a hacer? Reflexiona.

— ¿Tú sabes cuál es el camino de Logroño? —preguntó Martín.

— Sí.

— Pues toma por allá.

— Pero...

— Nada, nada, toma por allá. Al principio marcha despacio, para no cansar a los caballos, porque luego habrá que correr.

Hecha esta recomendación, Martín, muy erguido, se dirigió al convento.

— Aquí va a pasar algo gordo —se dijo Bautista preparándose para la catástrofe.

Llamó Martín, entró en el portal, preguntó a la hermana tornera por la señorita de Ohando y le dijo que necesitaba darle una carta. Le hicieron pasar al locutorio y se encontró allí con Catalina y una monja gruesa, que era la superiora. Las saludó profundamente y preguntó:

— ¿La señorita de Ohando?

— Soy yo.

— Traigo una carta para usted de su hermano.

Catalina palideció y le temblaron las manos de la emoción. La superiora, una mujer gruesa, de color de marfil, con los ojos grandes y obscuros como dos manchas negras que le cogían la mitad de la cara, y varios lunares en la barbilla, preguntó:

— ¿Qué pasa? ¿Qué dice ese papel?

— Dice que mi hermano está grave... que vaya —balbuceó Catalina.

— ¿Está tan grave? —preguntó la superiora a Martín.

— Si, creo que sí.

— ¿En dónde se encuentra?

— En una casa de la carretera de Logroño —dijo Martín.

— ¿Hacia Azqueta quizá?

— Sí, cerca de Azqueta. Le han herido en un reconocimiento.

— Bueno. Vamos —dijo la superiora—. Que venga también el señor Benito el demandadero.

Martín no se opuso y esperó a que se preparasen para acompañarlas. Al salir los cuatro a tomar el coche y al verles Bautista desde lo alto del pescante, no pudo menos de hacer una mueca de asombro. El demandadero montó junto a él.

— Vamos —dijo Martín a Bautista.

El coche partió; la misma superiora bajó las cortinas y sacando un rosario comenzó a rezar. Recorrió el coche la calle Mayor, atravesó el puente del Azucarero, la calle de San Nicolás, y tomó por la carretera de Logroño.

Al salir del pueblo, una patrulla carlista se acercó al coche. Alguien abrió la portezuela y la volvió a cerrar en seguida.

— Va la madre superiora de las Recoletas a visitar a un enfermo —dijo el demandadero con voz gangosa.

El coche siguió adelante al trote lento de los caballos. Lloviznaba, la noche estaba negra, no brillaba ni una estrella en el cielo. Se pasó una aldea, luego otra.

— ¡Qué lentitud! —exclamó la monja.

— Es que los caballos son muy malos —contestó Martín.

Pasaron deprisa otra aldea, y cuando no tenían delante ni atrás pueblos ni casas próximos, Bautista aminoró la marcha. Comenzaba a anochecer.

— ¿Pero qué pasa? —dijo de pronto la superiora—. ¿No llegamos todavía?

— Pasa, señora —contestó Zalacaín— que tenemos que seguir adelante.

— ¿Y por qué?

— Hay esa orden.

— ¿Y quién ha dado esa orden?

— Es un secreto.

— Pues hagan el favor de parar el coche, porque voy a bajar.

— Si quiere usted bajar sola, puede usted hacerlo.

— No, iré con Catalina.

— Imposible.

La superiora lanzó una mirada furiosa a Catalina, y al ver que bajaba los ojos, exclamó:

— ¡Ah! Estaban entendidos.

— Sí, estamos entendidos —contestó Martín—. Esta señorita es mi novia y no quiere estar en el convento, sino casarse conmigo.

— No es verdad, yo lo impediré.

— Usted no lo impedirá porque no podrá impedirlo.

La superiora se calló. Siguió el coche en su marcha pesada y monótona por la carretera. Era ya media noche cuando llegaron a la vista de Los Arcos.

Doscientos metros antes detuvo Bautista los caballos y saltó del pescante.

— Tú —le dijo a Zalacaín en vascuence— tenemos un caballo aspeado, si pudieras cambiarlo aquí...

— Intentaremos.

— Y si se pudieran cambiar los dos, sería mejor.

— Voy a ver. Cuidado con el demandadero y con la monja, que no salgan.

Desenganchó Martín los caballos y fué con ellos a la venta.

Le salió al paso una muchacha redondita, muy bonita y de muy mal humor. Le dijo Martín, lo que necesitaba, y ella replicó que era imposible, que el amo estaba acostado.

— Pues hay que despertarle.

Llamaron al posadero y éste presentó una porción de obstáculos, adujo toda clase de pretextos, pero al ver el uniforme de Martín se avino a obedecer y mandó despertar al mozo. El mozo no estaba.

— Ya ve usted, no está el mozo.

Ayúdeme usted, no tenga usted mal genio —le dijo Martín a la muchacha tomándole la mano y dándole un duro—. Me juego la vida en esto.

La muchacha guardó el duro en el delantal, y ella misma sacó dos caballos de la cuadra y fué con ellos cantando alegremente:
<
div class="poem">
La Virgen del Puy de Estella
le dijo a la del Pilar:
Si tú eres aragonesa
yo soy navarra y con sal.

Martín pagó al posadero y quedó con él de acuerdo en el sitio en donde tenía que dejar los caballos en Logroño.

Entre Bautista, Martín y la moza, reemplazaron el tiro por completo. Martín acompañó a la muchacha, y cuando la vió sola la estrechó por la cintura y la besó en la mejilla.

— ¡También usted es posma! —exclamó ella con desgarro.

— Es que usted es navarra y con sal y yo quiero probar de esa sal —replicó Martín.

— Pues tenga usted cuidado no le haga daño.

— ¿Quién lleva usted en el coche?

— Unas viejas.

— ¿Volverá usted por aquí?

— En cuanto pueda.

— Pues, adiós.

— Adiós, hermosa. Oiga usted. Si le preguntan por donde hemos ido diga usted que nos hemos quedado aquí.

— Bueno, así lo haré.

El coche pasó por delante de Los Arcos. Al llegar cerca de Sansol, cuatro hombres se plantaron en el camino.

— ¡Alto! —gritó uno de ellos que llevaba un farol.

Martín saltó del coche y desenvainó la espada.

— ¿Quién es? —preguntó.

— Voluntarios realistas —dijeron ellos.

— ¿Qué quieren?

— Ver si tienen ustedes pasaporte.

Martín sacó salvoconducto y lo enseñó. Un viejo, de aire respetable, tomó el papel y se puso a leerlo.

— ¿No vé usted que soy oficial? —preguntó Martín.

— No importa —replicó el viejo—. ¿Quién va adentro?

— Dos madres recoletas que marchan a Logroño.

— ¿No saben ustedes que en Viana están los liberales? —preguntó el viejo.

— No importa, pasaremos.

— Vamos a ver a esas señoras —murmuró el vejete.

— ¡Eh, Bautista! Ten cuidado —dijo Martín en vasco.

Descendió Urbide del pescante y tras él saltó el demandadero. El viejo jefe de la patrulla abrió la portezuela del coche y echó la luz del farol al rostro de las viajeras.

— ¿Quiénes son ustedes? —preguntó la superiora con presteza.

— Somos voluntarios de Carlos VII.

— Entonces que nos detengan. Estos hombres nos llevan secuestradas.

No acababa de decir esto cuando Martín dió una patada al farol que llevaba el viejo, y después de un empujón echó al anciano respetable a la cuneta de la carretera. Bautista arrancó el fusil a otro de la ronda, y el demandadero se vió acometido por dos hombres a la vez.

— ¡Pero si yo no soy de estos. Yo soy carlista —gritó el demandadero.

Los hombres, convencidos, se echaron sobre Zalacaín, éste cerró contra los dos; uno de los voluntarios le dió un bayonetazo en el hombro izquierdo, y Martín, furioso por el dolor, le tiró una estocada que le atravesó de parte a parte.

La patrulla se había declarado en fuga, dejando un fusil en el suelo.

— ¿Estás herido? —preguntó Bautista a su cuñado.

— Sí, pero creo que no es nada. Hala, vámonos.

— ¿Llevamos este fusil?

— Sí, quítale la cartuchera a ese que yo he tumbado, y vamos andando.

Bautista entregó un fusil y una pistola a Martín.

— Vamos, ¡adentro! —dijo Martín al demandadero.

Éste se metió temblando en el coche que partió, llevado al galope por los caballos. Pasaron por en medio de un pueblo. Algunas ventanas se abrieron y salieron los vecinos, creyendo sin duda que pasaba un furgón de artillería. A la media hora Bautista se paró. Se había roto una correa y tuvieron que arreglarla, haciéndole un agujero con el cortaplumas. Estaba cayendo un chaparrón que convertía la carretera en un barrizal.

— Habrá que ir más despacio —dijo Martín.

Efectivamente, comenzaron a marchar más despacio, pero al cabo de un cuarto de hora se oyó a lo lejos como un galope de caballos. Martín se asomó a la ventana; indudablemente los perseguían.

El ruido de las herraduras se iba acercando por momentos.

— ¡Alto! ¡Alto! —se oyó gritar.

Bautista azotó los caballos y el coche tomó una una carrera vertiginosa. Al llegar a las curvas, el viejo landó se torcía y rechinaba como si fuera a hacerse pedazos. La superiora y Catalina rezaban; el demandadero gemía en el fondo del coche.

— ¡Alto! ¡Alto! —gritaron de nuevo.

— ¡Adelante, Bautista! ¡Adelante! —dijo Martín, sacando la cabeza por la ventanilla.

En aquel momento sonó un tiro, y una bala pasó silbando a poca distancia. Martín cargó la pistola, vió un caballo y un ginete que se acercaban al coche, hizo fuego y el caballo cayó pesadamente al suelo. Los perseguidores dispararon sobre el coche que fué atravesado por las balas. Entonces Martín cargó el fusil y, sacando el cuerpo por la ventanilla, comenzó a hacer disparos atendiendo al ruido de las pisadas de los caballos; los que les seguían disparaban también, pero la noche estaba negra y ni Martín ni los perseguidores afinaban la puntería. Bautista, agazapado en el pescante, llevaba los caballos al galope; ninguno de los animales estaba herido, la cosa iba bien.

Al amanecer cesó la persecución. Ya no se veía a nadie en la carretera.

— Creo que podemos parar —gritó Bautista—. ¿Eh? Llevamos otra vez el tiro roto. ¿Paramos?

— Sí, para —dijo Martín—; no se ve a nadie.

Paró Bautista, y tuvieron que componer de nuevo otra correa.

El demandadero rezaba y gemía en el coche; Zalacaín le hizo salir de dentro a empujones.

— Anda, al pescante —le dijo—. ¿Es que tú no tienes sangre en las venas, sacristán de los demonios? —le preguntó.

— Yo soy pacífico y no me gusta mezclarme en estas cosas ni hacer daño a nadie —contestó refunfuñando.

— ¿No serás tú una monja disfrazada?

— No, soy un hombre.

— ¿No te habrás equivocado?

— No, soy un hombre, un pobre hombre, si le parece a usted mejor.

— Eso no impedirá que te metan unas píldoras de plomo en esa grasa fría que forma tu cuerpo.

— ¡Qué horror!

— Por eso debes comprender, hombre linfático, que cuando se encuentra uno en el caso de morir o de matar, no puede uno andarse con tonterías ni con rezos.

Las palabras rudas de Martín reanimaron un poco al demandadero.

Al subir Bautista al pescante, le dijo Martín:

— ¿Quieres que guíe yo ahora?

— No, no. Yo voy bien. Y tú, ¿cómo tienes la herida?

— No debe de ser nada.

— ¿Vamos a verla?

— Luego, luego; no hay que perder tiempo.

Martín abrió la portezuela, y, al sentarse, dirigiéndose a la superiora, dijo:

— Respecto a usted, señora, si vuelve usted a chillar, la voy a atar a un árbol y a dejarla en la carretera.

Catalina, asustadísima, lloraba. Bautista subió al pescante y el demandadero con él. Comenzó el carruaje a marchar despacio, pero, al poco tiempo, volvieron a oirse como pisadas de caballos.

Ya no quedaban municiones; los caballos del coche estaban cansados.

— Vamos, Bautista, un esfuerzo —grito Martín, sacando la cabeza por la ventanilla—. ¡Así! Echando chispas.

Bautista, excitado, gritaba y chasqueaba el látigo. El coche pasaba con la rapidez de una exhalación, y pronto dejó de oirse detrás el ruido de pisadas de caballos.

Ya estaba clareando; nubarrones de plomo corrían a impulsos del viento, y en el fondo del cielo rojizo y triste del alba se adivinaba un pueblo en un alto. Debía de ser Viana.

Al acercarse a él, el coche tropezó con una piedra, se soltó una de las ruedas, la caja se inclinó y vino a tierra. Todos los viajeros cayeron revueltos en el barro. Martín se levantó primero y tomó en brazos a Catalina.

— ¿Tienes algo? —la dijo.

— No, creo que no —contestó ella, gimiendo.

La superiora se había hecho un chichón en la trente y el demandadero dislocado una muñeca.

— No hay averías importantes —dijo Martín—.¡Adelante!

Los viajeros entonaban un coro de quejas y de lamentos.

— Desengancharemos y montaremos a caballo —dijo Bautista.

— Yo no. Yo no me muevo de aquí —replicó la superiora.

La llegada del coche y su batacazo no habían pasado inadvertidos, porque, pocos momentos después, avanzó del lado de Viana media compañía de soldados.

— Son los "guiris" —dijo Bautista a Martín.

— Me alegro.

La media compañía se acercó al grupo.

— ¡Alto! —gritó el sargento—. ¿Quién vive?

— España.

— Daos prisioneros.

— No nos resistimos.

El sargento y su tropa quedaron asombrados, al ver a un militar carlista, a dos monjas y a sus acompañantes llenos de barro.

— Vamos hacia el pueblo —les ordenaron.

Todos juntos, escoltados por los soldados, llegaron a Viana.

Un teniente que apareció en la carretera, preguntó:

— ¿Qué hay, sargento?

— Traemos prisioneros a un general carlista y a dos monjas.

Martín se preguntó por qué le llamaba el sargento general carlista; pero, al ver que el teniente le saludaba, comprendió que el uniforme, cogido por él en Estella, era de un general.

Capítulo 13

CÓMO LLEGARON A LOGROÑO Y LO QUE LES OCURRIÓ

Hicieron entrar a todos en el cuerpo de guardia, en donde, tendidos en camastros, dormían unos cuantos soldados, y otros se calentaban al calor de un gran brasero. Martín fué tratado con mucha consideración por su uniforme. Rogó al oficial le dejara estar a Catalina a su lado.

— ¿Es la señora de usted?

— Sí, es mi mujer.

El oficial accedió y pasó a los dos a un cuarto destartalado que servía para los oficiales.

La superiora, Bautista y el demandadero, no merecieron las mismas atenciones y quedaron en el cuartelillo.

Un sargento viejo, andaluz, se amarteló con la superiora y comenzó a echaría piropos de los clásicos; la dijo que tenía "loz ojoz" como "doz luceroz" y que se parecía a la Virgen de "Conzolación" de Utrera, y le contó otra porción de cosas del repertorio de los almanaques.

A Bautista le dieron tal risa los piropos del andaluz, que comenzó a reirse con una risa contenida.

— A ver «zi te callaz»; cochino carca —le dijo el sargento.

— Si yo no digo nada —replicó Bautista.

— «Zi te siguez riendo azí, te voy a clavá como a un zapo.»

Bautista tuvo que ir a un rincón a reirse, y la superiora y el sargento siguieron su conversación.

Al mediodía llegó un coronel, que al ver a Martín le saludó militarmente. Martín le contó sus aventuras, pero el coronel al oírlas frunció las cejas.

— A estos militares —pensó Martín— no les gusta que un paisano haga cosas más difíciles que las suyas.

— Irán ustedes a Logroño y allí veremos si identifican su personalidad. ¿Qué tiene usted? ¿Está usted herido?

— Sí.

— Ahora vendrá el físico a reconocerle.

Efectivamente, llegó un doctor que reconoció a Martín, le vendó, y redujo la dislocación del mandadero, que gritó y chilló como un condenado. Después de comer trajeron los caballos del coche, les obligaron a montar en ellos, y custodiados por toda compañía tomaron el camino de Logroño.

Al llegar cerca del puente sobre el Ebro, una porción de lavanderas y de mujeres de carabineros salieron a ver la extraña comitiva, y varias de ellas comenzaron a cantar, sobre todo dirigiéndose a la monja:

<
div class="poem">
Ahora sí que estarás contentona
Carlistona, mandilona;
Ahora sí que estarás contentón
Carlistón, mandilón, cobardón.

La pobre superiora estaba lívida de rabia. Martín y Bautista se miraban con cierto cómico estupor.

En Logroño pararon en el cuartel y un oficial hizo subir a Martín a ver al general. Le contó Zalacaín sus aventuras, y el general le dijo:

— Si yo tuviera la seguridad de que lo que me dice usted es cierto, inmediatamente dejaría libre a usted y a sus compañeros.

— ¿Y yo cómo voy a probar la verdad de mis palabras?

— ¡Si pudiera usted identificar su persona! ¿No conoce usted aquí a nadie? ¿Algún comerciante?

— No.

— Es lástima.

— Sí, sí, conozco a una persona —dijo de pronto Martín—, conozco a la señora de Briones y a su hija.

— ¿Y el capitán Briones, también lo conocerá usted?

— También.

— Pues lo voy a llamar; dentro de un momento estará aquí.

El general mandó un ayudante suyo, y media hora después estaba el capitán Briones, que reconoció a Martín. El general los dejó a todos libres.

Martín, Catalina y Bautista iban a marcharse juntos, a pesar de la oposición de la superiora, cuando el capitán Briones dijo:

— Amigo Zalacaín, mi madre y mi hermana exigen que vaya usted a comer con ellas.

Martín explicó a su novia como no le era posible desatender la invitación, y dejando a Bautista y a Catalina fué en compañía del oficial.

La casa de la señora de Briones estaba en una calle céntrica, con soportales.

Rosita y su madre recibieron a Martín con grandes muestras de amistad. La aventura de su llegada a Logroño con un una señorita y una monja había corrido por todas partes.

Madre é hija le preguntaron un sin fin de cosas, y Martín tuvo que contar sus aventuras.

— ¡Pero qué muchacho! —decía doña Pepita, haciéndose cruces—. Usted es un verdadero diablo.

Después de comer vinieron unas señoritas amigas de Rosa Briones, y Martín tuvo que contar de nuevo sus aventuras. Luego se habló de sobremesa y se cantó. Martín pensaba: ¿Qué hará Catalina? Pero luego se olvidaba con la conversación.

Doña Pepita dijo que su hija había tenido el capricho de aprender la guitarra é incitó a Rosita para que cantara.

— Sí, canta —dijeron las demás muchachas.

— Sí, cante usted —añadió Zalacaín.

Rosita sacó la guitarra y cantó algunas canciones, acompañándose con ella, y luego, como en honor de Martín, entonó un zortzico con letra castellana, que comenzaba así:
<
div class="poem">
Aunque la oración suene
Yo no me voy de aquí;
La del pañuelo rojo
Loco me ha vuelto a mí.

Y el estribillo de la canción era:
<
div class="poem">
Aufa que el campanero
La oración va a tocar,
Aufa que yo te quiero
"Maitia, maitia", ven acá.

Y Rosita, al cantar esto, miraba a Martín de tal manera con los ojos brillantes y negros, que él se olvidó de que le esperaba Catalina.

Cuando salió de casa de la señora de Briones, eran cerca de las once de la noche. Al encontrarse en la calle comprendió su falta brutal de atención. Fué a buscar a su novia, preguntando en los hoteles. La mayoría estaban cerrados. En uno del Espolón le dijeron: «Aquí ha venido una señorita, pero está descansando en su cuarto.»

— ¿No podría usted avisarla?

— No.

Bautista tampoco parecía.

Sin saber qué hacer, volvió Martín a los soportales y se puso a pasear por ellos. Si no fuera por Catalina —pensó— era capaz de quedarme aquí y ver si Rosita Briones está de veras por mí, como parece.

Estaba embebido en estos pensamientos cuando un hombre, con aspecto de criado, se paró ante él y le dijo:

— ¿Es usted don Martín Zalacaín?

— El mismo.

— ¿Quiere usted venir conmigo? Mi señora quiere hablarle.

— ¿Y quién es la señora de usted?

— Me ha encargado que le diga que es una amiga de su infancia.

— ¿Una amiga de mi infancia?

— Sí.

— Es posible —pensó Zalacaín—. Si habré conocido en mi infancia a alguien que tenga criados, sin saberlo. En fin, vamos a ver a mi amiga —dijo en voz alta.

El criado siguió por los soportales, torció una esquina, y en una casa grande empujó la puerta y entró en un zaguán elegante, iluminado por un gran farol.

— Pase el señorito —dijo el criado indicándole una escalera alfombrada.

— Debe haber una equivocación —pensó Martín—. No es posible otra cosa.

Subieron la escalera, el criado levantó una cortina y pasó Zalacaín. Sentada en un sofá y hojeando un álbum, había una mujer desconocida, una mujer pequeña, delgada, rubia, elegantísima.

— Perdone usted, señora —dijo Martín—, creo que usted y yo somos víctimas de una equivocación...

— Yo, por mi parte, no —contestó ella riendo, con una risa zumbona.

— ¿Quiere algo más la señora? —preguntó el criado.

— No, pueden ustedes retirarse.

Martín quedó asombrado. El criado echó la pesada cortina y quedaron solos.

— Martín —dijo la dama, levantándose de su silla y poniéndole las manos pequeñas en sus hombros—. ¿No te acuerdas de mí?

— No, la verdad.

— Soy Linda.

— ¿Qué Linda?

— Linda, la que estuvo en Urbia cuando fué el domador, y murió tu madre. ¿No te acuerdas?

— ¿Usted es Linda?

— ¡Oh, no me hables de usted! Sí, yo soy Linda. He sabido como habías venido a Logroño y he mandado que te buscaran.

— ¿De manera que tú eres aquella chiquilla que jugaba con el oso?

— La misma.

— ¿Y me has conocido?

— Sí.

— Yo no te hubiera conocido.

— Habla, cuenta de tu vida. Tú no sabes la gana que tenía de verte. Eres el único hombre por quien me han pegado. ¿Te acuerdas? Para mí constituías toda mi familia. ¿Qué hará? ¿Dónde estará Martín? pensaba.

— ¿De veras? ¡Que extraño! ¡Hace de esto tanto tiempo! Y somos jóvenes los dos.

— ¡Cuenta! ¡Cuenta! ¿Cuál ha sido tu vida? ¿Qué has hecho por el mundo?

Martín, emocionado, habló de su vida, de sus aventuras. Luego, Linda contó las suyas, su existencia bohemia de volatinera, hasta que un señor rico le sacó del circo y le brindó con su protección. Ahora este señor, título, con grandes posesiones en la Rioja, quería casarse con ella.

— ¿Y tú te vas a casar? —la preguntó Martín.

— Claro.

— ¿De manera que dentro de poco serás una señora condesa o marquesa?

— Sí, marquesa, pero chico, esto no me entusiasma. He vivido siempre libre y ya las cadenas no son para mí, aunque sean de oro. Pero estás pálido. ¿Qué te pasa?

Martín sentía un gran cansancio y le dolía el hombro. Linda, al saber que estaba herido, le obligó a quedarse allí.

Afortunadamente el rasguño no era grave y Zalacaín curó pronto.

Al día siguiente, Linda no le dejó salir; y al verse dominado por ella, por su suave encanto, encontró el herido que sus convalecencias eran más peligrosas para sus sentimientos que para su salud.

— Que le avisen a mi cuñado donde estoy —dijo Martín varias veces a Linda.

Ésta envió un criado a los hoteles, pero en ninguno daban noticias ni de Bautista ni de Catalina.

Capítulo 14

CÓMO ZALACAÍN Y BAUTISTA URBIDE TOMARON LOS DOS SOLOS LA CIUDAD DE LAGUARDIA OCUPADA POR LOS CARLISTAS

De conocer Martín la «Odisea» es posible que hubiese tenido la pretensión de comparar a Linda con la hechicera Circe y a sí mismo con Ulises, pero como no había leído el poema de Homero no se le ocurrió tal comparación.

Sí se le ocurrió varias veces que se estaba portando como un bellaco, pero Linda ¡era tan encantadora! ¡Tenía por él tan grande entusiasmo! Le había hecho olvidar a Catalina. Muchos días maldecía de su barbarie, pero no se determinaba a marcharse. Decidió en su fuero interno que la culpa de todo era de Bautista y esta decisión le tranquilizó.

— ¿Dónde se ha metido ese hombre? —se preguntaba.

Una semana después del encuentro con Linda, al pasar por los soportales de la calle principal de Logroño se encontró con Bautista que venía hacia él indiferente y tranquilo como de costumbre.

— ¿Pero dónde estás? —exclamó Martín incomodado.

— Eso te pregunto yo, ¿dónde estás? —contestó Bautista.

— ¿Y Catalina?

— ¡Qué sé yo! Yo creí que tú sabrías dónde estaba, que os habíais marchado los dos sin decirme nada.

— ¿De manera que no sabes?...

— Yo no.

— ¿Cuándo hablaste tú con ella por última vez?

— El mismo día de llegar aquí; hace ocho días. Cuando tú te fuistes a comer a casa de la señora de Briones, Catalina, la monja y yo nos fuimos a la fonda. Pasó el tiempo, pasó el tiempo y tú no venías. —¿Pero dónde está? —preguntaba

Catalina.— ¿Qué sé yo? —la decía. A la una de la mañana, viendo que tú no venías, yo me fuí a la cama. Estaba molido. Me dormí y me desperté muy tarde y me encontré con que la monja y Catalina se habían marchado y tú no habías venido. Esperé un día, y como no aparecía nadie, creí que os habíais marchado y me fuí a Bayona y dejé las letras en casa de Levi-Alvarez. Luego tu hermana empezó a decirme:— ¿Pero dónde estará Martín? ¿Le ha pasado algo? —Escribí a Briones y me contestó que estabas aquí escandalizando el pueblo, y por eso he venido.

— Sí, la verdad es que yo tengo la culpa —dijo Martín—. ¿Pero dónde puede estar Catalina? ¿Habrá seguido a la monja?

— Es lo más probable.

Martín, al encontrarse con Bautista y hablar con él, se sintió fuera de la influencia del hechizo de Linda y comenzó a hacer indagaciones con una actividad extraordinaria. De las dos viajeras del hotel, una se había marchado por la estación; la otra, la monja, había partido en un coche hacia Laguardia.

Martín y Bautista supusieron si las dos estarían refugiadas en Laguardia. Sin duda la monja recuperó su ascendiente sobre Catalina en vista de la falta de Martín y la convenció de que volviera con ella al convento.

Era imposible que Catalina encontrándose en otro lado no hubiese escrito.

Se dedicaron a seguir la pista de la monja. Averiguaron en la venta de Asa que días antes un coche con la monja intentó pasar a Laguardia, pero al ver la carretera ocupada por el ejército liberal sitiando la ciudad y atacando las trincheras retrocedió. Suponían los de la venta que la monja habría vuelto a Logroño, a no ser que intentara entrar en la ciudad sitiada, tomando en caballería el camino de Lanciego por Oyón y Venaspre.

Marcharon a Oyón y luego a Yécora, pero nadie les pudo dar razón. Los dos pueblos estaban casi abandonados.

Desde aquel camino alto se veía Laguardia rodeada de su muralla en medio de una explanada enorme. Hacia el Norte limitaba esta explanada como una muralla gris la cordillera de Cantabria; hacia el Sur podía extenderse la vista hasta los montes de Pancorbo.

En este polígono amarillento de Laguardia no se destacaban ni tejados ni campanarios, no parecía aquello un pueblo, sino más bien una fortaleza. En un extremo de la muralla se erguía un torreón envuelto en aquel instante en una densa humareda.

Al salir de Yécora, un hombre famélico y destrozado les salió al encuentro y habló con ellos. Les contó que los carlistas iban a abandonar Laguardia un día u otro. Le preguntó Martín si era posible entrar en la ciudad.

— Por la puerta es imposible —dijo el hombre—, pero yo he entrado subiendo por unos agujeros que hay en el muro entre la Puerta de Paganos y la de Mercadal.

— ¿Pero y los centinelas?

— No suelen haber muchas veces.

Bajaron Martín y Bautista por una senda desde Lanciego a la carretera y llegaron al sitio en donde acampaba el ejército liberal. La tropa, después de cañonear las trincheras carlistas, avanzaba, y el enemigo abandonaba sus posiciones refugiándose en los muros.

El regimiento del capitán Briones se encontraba en las avanzadas. Martín preguntó por él y lo encontró. Briones presentó a Zalacaín y a Bautista a algunos oficiales compañeros suyos, y por la noche tuvieron una partida de cartas y jugaron y bebieron. Ganó Martín, y uno de los compañeros de Briones, un teniente aragonés que había perdido toda su paga, comenzó, para vengarse, a hablar mal de los vascongados, y Zalacaín y él se encarzaron en una estúpida discusión de amor propio regional, de esas tan frecuentes en España.

Decía el teniente aragonés que los vascongados eran tan torpes, que un capitán carlista, para enseñarles a marchar a la derecha y a la izquierda elevaba un manojo de paja en la mano y les decía, por ejemplo: ¡Doble derecha! y en seguida pasaba el manojo a la derecha y decía. ¡Hacia el lado de la paja! Además, según el oficial, los vascongados eran unos poltrones que no se querían batir más que estando cerca de sus casas.

Martín se estaba amoscando, y dijo al oficial:

— Yo no sé como serán los vascongados, pero lo que le puedo decir a usted es que lo que usted o cualquiera de estos señores haga, lo hago yo por debajo de la pierna.

— Y yo —dijo Bautista, colocándose al lado de Martín.

— Vamos, hombre —dijo Briones—. No sean ustedes tontos. El teniente Ramírez no ha querido ofenderles.

— No nos ha llamado más que estúpidos y cobardes —dijo riendo Martín—. Claro que a mí no me importa nada lo que este señor opine de nosotros, pero me gustaría encontrar una ocasión para probarle que está equivocado.

— Salga usted —dijo el teniente.

— Cuando usted quiera —contestó Martín.

— No —replicó Briones—, yo lo prohibo. El teniente Ramírez quedará arrestado.

— Está bien —dijo refunfuñando el aludido.

— Si estos señores quieren un poco de jaleo, cuando tomemos Laguardia pueden venir con nosotros —advirtió el oficial.

Martín creyó ver alguna ironía en las palabras del militar y replicó burlonamente:

— ¡Cuando tomen ustedes Laguardia! No, hombre. Eso no es nada para nosotros. Yo voy solo a Laguardia y la tomo, o a lo más con mi cuñado Bautista.

Se echaron todos a reir de la fanfarronada, pero viendo que Martín insistía, diciendo que aquella misma noche iban a entrar en la ciudad sitiada, pensaron que Martín estaba loco. Briones, que le conocía, trató de disuadirse de hacer esta barbaridad, pero Zalacaín no se convenció.

— ¿Ven ustedes este pañuelo blanco? —dijo—. Mañana al amanecer lo verán ustedes en este palo flotando sobre Laguardia. ¿Habrá por aquí una cuerda?

Uno de los oficiales jóvenes trajo una cuerda, y Martín y Bautista, sin hacer caso de las palabras de Briones, avanzaron por la carretera.

El frío de la noche les serenó, y Martín y su cuñado se miraron algo extrañados. Se dice que los antiguos godos tenían la costumbre de resolver sus asuntos dos veces, una borrachos y otra serenos. De esta manera unían en sus decisiones el atrevimiento y la prudencia. Martín sintió no haber seguido esta prudente táctica goda, pero se calló y dio a entender que se encontraba en uno de los momentos regocijados de su vida.

— ¿Qué? ¿vamos a ir? —preguntó Bautista.

— Probaremos.

Se acercaron a Laguardia. A poca distancia de sus muros tomaron a la izquierda, por la Senda de las Damas, hasta salir al camino de El Ciego y cruzando éste se acercaron a la altura en donde se asienta la ciudad. Dejaron a un lado el cementerio y llegaron a un paseo con árboles que circunda el pueblo.

Debían de encontrarse en el punto indicado por el hombre de Yécora, entre la puerta de Mercadal y la de Paganos.

Efectivamente, el sitio era aquél. Distinguieron los agujeros en el muro que servía de escalera; los de abajo estaban tapados.

— Podríamos abrir estos boquetes —dijo Bautista.

— ¡Hum! Tardaríamos mucho —contestó Martín—. Súbete encima de mí a ver si llegas. Toma la cuerda.

Bautista se encaramó sobre los hombros de Martín, y luego, viendo que se podía subir sin dificultad, escaló la muralla hasta lo alto. Asomó la cabeza y viendo que no había vigilancia saltó encima.

— ¿Nadie? —dijo Martín.

— Nadie.

Sujetó Bautista la cuerda con un lazo corredizo en un ángulo de un torreón, v subió Martín a pulso, con el palo en los dientes.

— Se deslizaron los dos por el borde de la muralla, hasta enfilar una calleja. Ni guardia, ni centinela; no se veía ni se oía nada. El pueblo parecía muerto.

— ¿Qué pasará aquí? —se dijo Martín.

Se acercaron al otro extremo de la ciudad. El mismo silencio. Nadie. Indudablemente, los carlistas habían huído de Laguardia.

Martín y Bautista adquirieron el convencimiento de que el pueblo estaba abandonado. Avanzaron con esta confianza hasta cerca de la puerta del Mercadal; y enfrente del cementerio, hacia la carretera de Logroño, sujetaron entre dos piedras el palo y ataron en su punta el pañuelo blanco.

Hecho esto, volvieron deprisa al punto por donde habían subido. La cuerda seguía en el mismo sitio. Amanecía. Desde allá arriba se veía una enorme extensión de campo. La luz comenzaba a indicar las sombras de los viñedos y de los olivares. El viento fresco anunciaba la proximidad del día.

— Bueno, baja —dijo Martín—. Yo sujetaré la cuerda.

— No, baja tú —replicó Bautista.

— Vamos, no seas imbécil.

— ¿Quién vive? —gritó una voz en aquel mismo momento.

Ninguno de los dos contestó. Bautista comenzó a bajar despacio. Martín se tendió en la muralla.

— ¿Quién vive? —volvió a gritar el centinela.

Martín se aplastó en el suelo todo lo que pudo; sonó un disparo y una bala pasó por encima de su cabeza. Afortunadamente, el centinela estaba lejos. Cuando Bautista descendió, Martín comenzó a bajar. Tuvo la suerte de que la cuerda no se deslizase. Bautista le esperaba con el alma en un hilo. Había movimiento en la muralla; cuatro o cinco hombres se asomaron a ella, y Martín y Bautista se escondieron tras de los árboles del paseo que circundaba el pueblo. Lo malo era que aclaraba cada vez más. Fueron pasando de árbol a árbol, hasta llegar cerca del cementerio.

— Ahora no hay más remedio que echar a correr a la descubierta —dijo Martín—. A la una... , a las dos... Vamos allá.

Echaron los dos a correr. Sonaron varios tiros. Ambos llegaron ilesos al cementerio. De aquí ganaron pronto el camino de Logroño. Ya fuera de peligro, miraron hacia atrás. El pañuelo seguía en la muralla ondeando al viento. Briones y sus amigos recibieron a Martín y a Bautista como a héroes.

Al día siguiente, los carlistas abandonaron Laguardia y se refugiaron en Peñacerrada. La población enarboló bandera de parlamento; y el ejército, con el general al frente, entraba en la ciudad.

Por más que Martín y Bautista preguntaron en todas las casas, no encontraron a Catalina.

Parte 3
Las últimas aventuras

Capítulo 1

LOS RECIÉN CASADOS ESTÁN CONTENTOS

Catalina no fué inflexible. Pocos días después, Martín recibió una carta de su hermana. Decía la Ignacia que Catalina estaba en su casa, en Zaro, desde hacía algunos días. Al principio no había querido oir hablar de Martín, pero ahora le perdonaba y le esperaba.

Martín y Bautista se presentaron en Zaro inmediatamente, y los novios se reconciliaron.

Se preparó la boda. ¡Qué paz se disfrutaba allí, mientras se mataban en España! La gente trabajaba en el campo. Los domingos, después de la misa, los aldeanos endomingados, con la chaqueta al hombro, se reunían en la sidrería y en el juego de pelota; las mujeres iban a la iglesia, con un capuchón negro, que rodeaba su cabeza. Catalina cantaba en el coro y Martín la oía, como en la infancia, cuando en la iglesia de Urbia entonaba el Aleluya.

Se celebró la boda, con la posible solemnidad, en la iglesia de Zaro y luego la fiesta en la casa de Bautista.

Hacía todavía frío, y los aldeanos amigos se reunieron en la cocina de la casa, que era grande, hermosa y limpia. En la enorme chimenea redonda se echaron montones de leña, y los invitados cantaron y bebieron hasta bien entrada la noche, al resplandor de las llamas. Los padres de Bautista, dos viejecitos arrugados, que hablaban solo vascuence, cantaron una canción monótona de su tiempo, y Bautista lució su voz y su repertorio completo y cantó una canción en honor de los novios.

Ezcon berriyac
pozquidac daudé
pozquidac daudé
eguin diralaco gaur

alcarren jabé
elizan.

(Los recién casados están muy alegres, porque hoy se han hecho dueños, uno de otro, en la iglesia.)

La fiesta acabó, con la mayor alegría, a la media noche, en que se retiraron todos.

Pasada la luna de miel, Martín volvió a las andadas. No paraba, iba y venía de España a Francia, sin poder reposar.

Catalina deseaba ardientemente que acabara la guerra é intentaba retener a Martín a su lado.

— Pero, ¿qué quieres más? —le decía—. ¿No tienes ya bastante dinero? ¿Para qué exponerte de nuevo?

— Si no me expongo —replicaba Martín.

Pero no era verdad, tenía ambición, amor al peligro y una confianza ciega en su estrella. La vida sedentaria le irritaba.

Martín y Bautista dejaban solas a las dos mujeres y se iban a España. Al año de casada, Catalina tuvo un hijo, al que llamaron José Miguel, recordando Martín la recomendación del viejo Tellagorri.

Capítulo **2**

EN EL CUAL SE INICIA LA «DESHECHA»

Con la proclamación de la monarquía en España, comenzó el deshielo en el campo carlista. La batalla de Lácar, perdida de una manera ridícula por el ejército regular en presencia del nuevo rey, dió alientos a los carlistas, pero a pesar del triunfo y del botín la causa del Pretendiente iba de capa caída.

La batalla de Lácar no hizo más que enriquecer el repertorio de las canciones de la guerra con una copla que más que para soldados parecía escrita para el coro de señoras de una zarzuela, y que decía así:

> En Lácar, chiquillo,
> Te viste en un tris,
> Si don Carlos te da con la bota
> Como una pelota,
> Te envía a París.

Era difícil, al oir esta canción, no pensar en unas cuantas coristas balanceando voluptuosamente las caderas.

Los carlistas hablaban ya de traición. Con el fracaso del sitio de Irán y con la retirada de don Carlos, los curas navarros y vascongados empezaron a dudar del triunfo de la causa. Con la proclamación de Sagunto, la desconfianza cundió por todas partes.

— Son primos y ellos se entienden —decían los desconfiados, que eran legión.

Algunos que habían oído hablar de un don Alfonso, hermano de don Carlos, creían que a este don Alfonso le habían hecho rey.

Los ambiciosos de los pueblos veían que todas las clases ricas se inclinaban a favor de la monarquía liberal.

Los generales alfonsinos, después de hecho su agosto y ascendido en su carrera todo lo posible, encontraban que era una estupidez continuar la guerra durante más tiempo; habían matado la república, que ciertamente por estólida merecía la muerte; el nuevo gobierno les miraba como vencedores, pacificadores y héroes. ¡Qué más podían desear!

En el campo carlista comenzaba la «Deshecha». Ya se podía andar por las carreteras sin peligro; el carlismo seguía por la fuerza de la inercia, defendido débilmente y atacado más débilmente todavía. La única arma que se blandía de veras era el dinero.

Martín, viendo que no era difícil recorrer los caminos, tomó su cochecito y se dirigió hacia Urbia una mañana de invierno.

Todos los fuertes permanecían silenciosos, mudas las trincheras carlistas, ni una detonación, ni una humareda cruzaban el aire. La nieve cubría el campo con su mortaja blanca bajo el cielo entoldado y plomizo.

Antes de llegar a Urbia, a un lado y a otro, se veían casas de campo derrumbadas, fachadas con las ventanas tapiadas y rellenas de paja, árboles con las ramas rotas, zanjas y parapetos por todas partes.

Martín entró en Urbia. La casa de Catalina estaba destrozada; con los techos atravesados por las granadas, las puertas y ventanas cerradas herméticamente. Ofrecía el hermoso caserón un aspecto lamentable; en la huerta abandonada, las lilas mostraban sus ramas rotas, y una de las más grandes de un magnífico tilo, desgajada, llegaba hasta el suelo. Los rosales trepadores, antes tan lozanos, se veían marchitos.

Subió Martín por su calle a ver la casa en donde nació.

La escuela estaba cerrada; por los cristales empolvados se veían los cartelones con letras grandes y los mapas colgados de las paredes. Cerca del caserío de Zalacaín había una viga de madera, de la que colgaba una campana.

— ¿Para qué sirve esto? —preguntó a un mendigo que iba de puerta en puerta.

Era para el vigía. Cuando notaba un fogonazo tocaba la campana para avisar a la gente de la parte baja.

Entró Martín en el caserío Zalacaín. El tejado no existía; sólo quedaba un rincón de la antigua cocina con cubierta. Bajo este techo, entre los escombros, había un hombre sentado escribiendo y un chiquillo ocupado en cuidar varios pucheros.

— ¿Quién vive aquí? —preguntó Martín.

— Aquí vivo yo —contestó una voz.

Martín quedó atónito. Era el extranjero. Al verse se estrecharon las manos afectuosamente.

— ¡Lo que dió usted que hablar en Estella! —dijo el extranjero—. ¡Qué golpe aquel más admirable! ¿Cómo se escaparon ustedes?

Martín contó la historia de su escapatoria, y el periodista fué tomando notas.

— Puedo hacer una crónica admirable —dijo.

Luego hablaron de la guerra.

— ¡Pobre país! —dijo el extranjero—. ¡Cuánta brutalidad! ¡Cuánto absurdo! ¿Se acuerda usted del pobre Haussonville que conocimos en Estella?

— Sí.

— Murió fusilado. ¿Y del Corneta de Lasala y de Praschcu que fueron de los que nos persiguieron cerca de Hernani?

— Sí.

— Esos dos habían salvado al cabecilla Monserrat de la muerte. ¿Sabe usted quién los ha fusilado?

— ¿Pero los han fusilado?

— Sí, el mismo Monserrat, en Ormaiztegui.

— ¡Pobre gente!

— A otro, llamado Anchusa, de la partida del Cura, debía usted también conocer...

— Sí, lo conocía.

— A ese lo mandó fusilar Lizárraga. Y al «Jabonero», el lugarteniente del Cura...

— ¿También lo fusilaron?

— También. Al «Jabonero» le debía el Cura la única victoria que consiguió en Usurbil cuando defendieron una ermita contra los liberales; pero tenía celos de él y además creía que le hacía traición, y lo mandó fusilar.

— Si esto sigue así no vamos a quedar nadie.

— Afortunadamente ya ha comenzado la «Deshecha» como dicen los aldeanos —contestó el extranjero—. ¿Y usted a qué ha venido aquí?

Martín dijo que él era de Urbia, así como su mujer, y contó sus aventuras desde el tiempo en que había dejado de ver al extranjero. Comieron juntos y por la tarde se despidieron.

— Todavía creo que nos volveremos a ver —dijo el extranjero.

— Quién sabe. Es muy posible.

Capítulo 3

EN DONDE MARTÍN COMIENZA A TRABAJAR POR LA GLORIA

En la época de las nieves, un general audaz que venía de muy lejos intentó envolver a los carlistas por el lado del Pirineo, y saliendo de Pamplona avanzó por la carretera de Elizondo; pero al ver el alto de Velate defendido y atrincherado por los carlistas, se retiró hacia Erguí y luego tomó por el puerto de Olaberri, próximo a la frontera, por entre bosques y sendas malísimas; y perdidos sus soldados en los bosques, llegaron después de dos días y tres noches al Baztán.

La imprudencia era grande, pero aquel general tuvo suerte, porque si la terrible nevada que cayó al día siguiente de estar en Elizondo cae antes, hubieran quedado la mitad de las tropas entre la nieve.

El general pidió víveres a Francia, y gracias a la ayuda del país vecino, pudo dar de comer a su gente y preparar alojamiento. Martín y Bautista se hallaban en relación con una casa de Bayona, y fueron a Añoa con sus carros.

Añoa está a un kilómetro próximamente de la frontera, en donde se halla establecida la aduana española de Dancharinea.

Aquel día, una porción de gente de la frontera francesa se asomó a Añoa. La carretera estaba atestada de carromatos, carretas y ómnibus, que conducían al valle de Baztán para las tropas fardos de zapatos, sacos de pan, cajones de galleta de Burdeos, esparto para las camas, barriles de vino y de aguardiente.

El camino estaba intransitable y lleno de barro. Además de todo aquel convoy de mercancías consignado al ejército, hallábanse otros coches atiborrados de géneros que algunos comerciantes de Bayona llevaban a ver si vendían al por menor.

Había también cerca del puente, sobre el riachuelo Ugarona, una porción de cantineros con sus cestas, frascos y cachivaches.

Martín con su mujer, y Bautista con la suya, se acercaron a Añoa y se alojaron en la venta. Catalina quería ver si obtenía noticias de su hermano.

En la venta preguntaron a un muchacho desertor carlista, pero no supo darles ninguna razón de Carlos Ohando.

— Si no está en Peñaplata, irá camino de Burguete —les dijo.

Se encontraban a la puerta de la venta Martín y Bautista, cuando pasó, envuelto en su capote, Briones, el hermano de Rosita. Le saludó a Martín muy afectuoso y entró en la venta. Vestía uniforme de comandante y llevaba cordones dorados como los ayudantes de generales.

— He hablado mucho de usted a mi general—le dijo a Martín.

— ¿Sí?

— Ya lo creo. Tendría mucho gusto en conocer a usted. Le he contado sus aventuras. ¿Quiere usted venir a saludarle? Tengo ahí un caballo de mi asistente.

— ¿Dónde está el general?

— En Elizondo. ¿Viene usted?

— Vamos.

Advirtió Martín a su mujer que se marchaba a Elizondo; montaron Briones y Zalacaín a caballo y charlando de muchas cosas llegaron a esta villa, centro del valle del Baztán. El general se alojaba en un palacio de la plaza; a la puerta dos oficiales hablaban.

Le hizo pasar Briones a Martín al cuarto en donde se encontraba el general. Éste, sentado a una mesa donde tenía planos y papeles, fumaba un cigarro puro y discutía con varias personas.

Presentó Briones a Martín, y el general, después de estrecharle la mano, le dijo bruscamente:

— Me ha contado Briones sus aventuras. Le felicito a usted.

— Muchas gracias, mi general.

— ¿Conoce usted toda esta zona de mugas de la frontera que domina el valle del Baztán?

— Sí, como mi propia mano. Creo que no habrá otro que las conozca tan bien.

— ¿Sabe usted los caminos y las sendas?

— No hay más que sendas.

— ¿Hay sendero para subir a Peñaplata por el lado de Zugarramurdi?

— Lo hay.

— ¿Pueden subir caballos?

— Sí, fácilmente.

El general discutió con Briones y con el otro ayudante. Él había tenido el proyecto de cerrar la frontera é impedir la retirada a Francia del grueso del ejército carlista, pero era imposible.

— Usted ¿qué ideas políticas tiene? —preguntó de pronto el general a Martín.

— Yo he trabajado para los carlistas, pero en el fondo creo que soy liberal.

— ¿Querría usted servir de guía a la columna que subirá mañana a Peñaplata?

— No tengo inconveniente.

El general se levantó de la silla en donde estaba sentado y se acercó con Zalacaín a uno de los balcones.

— Creo —le dijo— que actualmente soy el hombre de más influencia de España. ¿Qué quiere usted ser? ¿No tiene usted ambiciones?

— Actualmente soy casi rico; mi mujer lo es también...

— ¿De dónde es usted?

— De Urbia.

— ¿Quiere usted que le nombremos alcalde de allá?

Martín reflexionó.

— Sí, eso me gusta —dijo.

— Pues cuente usted con ello. Mañana por la mañana hay que estar aquí.

— ¿Van a ir tropas por Zugarramurdi?

— Sí.

— Yo les esperaré en la carretera, junto al alto de Maya.

Martín se despidió del general y de Briones, y volvió a Añoa, para tranquilizar a su mujer. Contó a Bautista su conversación con el general; Bautista se lo dijo a su mujer y ésta a Catalina.

A media noche, se preparaba Martín a montar a caballo, cuando se presentó Catalina con su hijo en brazos.

— ¡Martín! ¡Martín! —le dijo sollozando—. Me han asegurado que quieres ir con el ejército a subir a Peñaplata.

— ¿Yo?

— Sí.

— Es verdad. ¿Y eso te asusta?

— No vayas. Te van a matar, Martín. ¡No vayas! ¡Por nuestro hijo! ¡Por mí!

— Bah, ¡tonterías! ¿Que miedo puedes tener? Si he estado otras veces solo, ¿qué me va a pasar, yendo en compañía de tanta gente?

— Sí, pero ahora no vayas, Martín. La guerra se va a acabar en seguida. Que no te pase algo al final.

— Me he comprometido. Tengo que ir.

— ¡Oh, Martín! —sollozó Catalina—. Tú eres todo para mí; yo no tengo padre, ni madre, ni tengo hermano, porque el cariño que pudiese tenerle a él lo he puesto en ti y en tu hijo. No vayas a dejarme viuda, Martín.

— No tengas cuidado. Estáte tranquila. Mi vida está asegurada, pero tengo que ir. He dado mi palabra...

— Por tu hijo...

— Sí, por mi hijo también... No quiero que, andando el tiempo, puedan decir de él: «Este es el hijo de Zalacaín, que dió su palabra y no la cumplió por miedo»; no, si dicen algo, que digan: «Este es Miguel Zalacaín, el hijo de Martín Zalacaín, tan valiente como su padre... No. Más valiente aún que su padre.»

Y Martín, con sus palabras, llegó a infundir ánimo en su mujer, acarició al niño, que le miraba sonriendo desde el regazo de su madre, abrazó a ésta y, montando a caballo, desapareció por el camino de Elizondo.

Capítulo 4

LA BATALLA CERCA DEL MONTE AQUELARRE

Martín llegó al alto de Maya al amanecer, subió un poco por la carretera y vió que venía la tropa. Se reunió con Briones y ambos se pusieron a la cabeza de la columna.

Al llegar a Zugarramurdi, comenzaba a clarear. Sobre el pueblo, las cimas del monte, blancas y pulidas por la lluvia, brillaban con los primeros rayos del sol.

De esta blancura de las rocas precedía el nombre del monte Arrizuri (piedra blanca) en vasco y Peñaplata en castellano.

Martín tomó el sendero que bordea un torrente. Una capa de arcilla humedecida cubría el camino, por el cual los caballos y los hombres se resbalaban. El sendero tan pronto se acercaba a la torrentera, llena de malezas y de troncos podridos de árboles, como se separaba de ella. Los soldados caían en este terreno resbaladizo. A cierta altura, el torrente era ya un precipicio, por cuyo fondo, lleno de matorrales, se precipitaba el agua brillante.

Mientras marchaban Martín y Briones a caballo, fueron hablando amistosamente. Martín felicitó a Briones por sus ascensos.

— Sí, no estoy descontento —dijo el comandante—; pero usted, amigo Zalacaín, es el que avanza con rapidez, si sigue así; si en estos años adelanta usted lo que ha adelantado en los cinco pasados, va usted a llegar donde quiera.

— ¿Creerá usted que yo ya no tengo casi ambición?

— ¿No?

— No. Sin duda, eran los obstáculos los que me daban antes bríos y fuerza, el ver que todo el mundo se plantaba a mi paso para estorbarme. Que uno quería vivir, el obstáculo; que uno quería a una mujer y la mujer le quería a uno, el obstáculo también. Ahora no tengo obstáculos, y ya no se qué hacer. Voy a tener que inventarme otras ocupaciones y otros quebraderos de cabeza.

— Es usted la inquietud personificada, Martín —dijo Briones.

— ¿Qué quiere usted? He crecido salvaje como las hierbas y necesito la acción, la acción continua. Yo, muchas veces pienso que llegará un día en que los hombres podrán aprovechar las pasiones de los demás en algo bueno.

— ¿También es usted soñador?

— También.

— La verdad es que es usted un hombre pintoresco, amigo Zalacaín.

— Pero la mayoría de los hombres son como yo.

— Oh, no. La mayoría somos gente tranquila, pacífica, un poco muerta.

— Pues yo estoy vivo, eso sí; pero la misma vida que no puedo emplear se me queda dentro y se me pudre. Sabe usted, yo quisiera que todo viviese, que todo comenzara a marchar, no dejar nada parado, empujar todo al movimiento, hombres, mujeres, negocios, máquinas, minas, nada quieto, nada inmóvil...

— Extrañas ideas —murmuró Briones.

Concluía el camino y comenzaban las sendas a dividirse y a subdividirse, escalando la altura.

Al llegar a este punto, Martín avisó a Briones que era conveniente que sus tropas estuviesen preparadas, pues al final de estas sendas se encontrarían en terreno descubierto y desprovisto de árboles.

Briones mandó a los tiradores de la vanguardia preparasen sus armas y fueran avanzando despacio en guerrilla.

— Mientras unos van por aquí —dijo Martín a Briones— otros pueden subir por el lado opuesto. Hay allá arriba una explanada grande. Si los carlistas se parapetan entre las rocas van a hacer una mortandad terrible.

Briones dió cuenta al general de lo dicho por Martín, y aquél ordenó que medio batallón fuera por el lado indicado por el guía. Mientras no oyeran los tiros del grueso de la fuerza no debían atacar.

Zalacaín y Briones bajaron de sus caballos y tomaron por una senda, y durante un par de horas fueron rodeando el monte, marchando entre helechos.

— Por esta parte, en una calvera del monte, en donde hay como una plazuela formada por hayas —dijo Martín— deben tener centinelas los carlistas; sino por ahí podemos subir hasta los altos de Peñaplata sin dificultad.

Al acercarse al sitio indicado por Martín, oyeron una voz que cantaba. Sorprendidos, fueron despacio acortando la distancia.

— No serán las brujas—dijo Martín.

— ¿Por qué las brujas?—preguntó Briones.

— ¿No sabe usted que estos son los montes de las brujas? Aquel es el monte Aquelarre —contestó Martín.

— ¿El Aquelarre? ¿Pero existe?

— Sí.

— ¿Y quiere decir algo en vascuence, ese nombre?

— ¿Aquelarre?... Sí, quiere decir Prado del macho cabrío.

— ¿El macho cabrío será el demonio?

— Probablemente.

La canción no la cantaban las brujas, sino un muchacho que en compañía de diez o doce estaba calentándose alrededor de una hoguera.

Uno cantaba canciones liberales y carlistas y los otros le coreaban.

No habían comenzado a oirse los primeros tiros, y Briones y su gente esperaron tendidos entre los matorrales.

Martín sentía como un remordimiento al pensar que aquellos alegres muchachos iban a ser fusilados dentro de unos momentos.

La señal no se hizo esperar y no fué un tiro, sino una serie de descargas cerradas.

— ¡Fuego! —gritó Briones.

Tres o cuatro de los cantores cayeron a tierra y los demás, saltando entre breñales, comenzaron a huir y a disparar.

La acción se generalizaba; debía de ser furiosa a juzgar por el ruido de fusilería. Briones, con su tropa, y Martín subían por el monte a duras penas. Al llegar a los altos, los carlistas, cogidos entre dos fuegos, se retiraron.

La gran explanada del monte estaba sembrada de heridos y de muertos. Iban recogiéndolos en camillas. Todavía seguía la acción, pero poco después una columna de ejército avanzaba por el monte por otro lado, y los carlistas huían a la desbandada hacia Francia.

Capítulo 5

DONDE LA HISTORIA MODERNA REPITE EL HECHO DE LA HISTORIA ANTIGUA

Fueron Martín y Catalina en su carricoche a Saint Jean Pied de Port. Todo el grueso del ejército carlista entraba, en su retirada de España, por el barranco de Roncesvalles y por Valcarlos. Una porción de comerciantes se había descolgado por allí, como cuervos al olor de la carne muerta, y compraban hermosos caballos por diez o doce duros, espadas, fusiles y ropas a precios ínfimos.

Era un poco repulsivo ver esta explotación, y Martín, sintiéndose patriota, habló de la avaricia y de la sordidez de los franceses. Un ropavejero de Bayona le dijo que el negocio es el negocio y que cada cual se aprovechaba cuando podía.

Martín no quiso discutir. Preguntaron Catalina y el a varios carlistas de Urbia por Ohando, y uno le indico que Carlos, en compañía del «Cacho», había salido de Burguete muy tarde, porque estaba muy enfermo.

Sin atender a que fuera o no prudente, Martín tomó el carricoche por el camino de Arneguy; atravesaron este pueblecillo que tiene dos barrios, uno español y otro francés, en las orillas de un riachuelo, y siguieron hasta Valcarlos.

Catalina, al ver aquel espectáculo, quedó horrorizada. La estrecha carretera era un campo de desolación. Casas humeando aún por el incendio, árboles rotos, zanjas, el suelo sembrado de municiones de guerra, cajas, correas de artillería, bayonetas torcidas, instrumentos musicales de cobre aplastados por los carros.

En la cuneta de la carretera se veía a un muerto medio desnudo, sin botas, con el cuerpo cubierto por hojas de helechos; el barro le manchaba la cara.

En el aire gris, una nube de cuervos avanzaba en el aire, siguiendo aquel ejército funesto, para devorar sus despojos.

Martín, atendiendo a la impresión de Catalina, volvió prudentemente hasta llegar de nuevo al barrio francés de Arneguy. Entraron en la posada. Allí estaba el extranjero.

— ¿No le decía a usted que nos veríamos todavía? —dijo éste.

— Sí. Es verdad.

Martín presentó a su mujer al periodista y los tres reunidos esperaron a que llegaran los últimos soldados.

Al anochecer, en un grupo de seis o siete, apareció Carlos Ohando y «el Cacho».

Catalina se acercó a su hermano con los brazos abiertos.

— ¡Carlos! ¡Carlos! —gritó.

Ohando quedó atónito al verla; luego con un gesto de ira y de desprecio añadió:

— Quítate de delante. ¡Perdida! ¡Nos has deshonrado!

Y en su brutalidad escupió a Catalina en la cara. Martín, cegado, saltó como un tigre sobre Carlos y le agarró por el cuello.

— ¡Canalla! ¡Cobarde! —rugió—. Ahora mismo vas a pedir perdón a tu hermana.

— ¡Suelta! ¡Suelta! —exclamó Carlos ahogándose.

— ¡De rodillas!

— ¡Por Dios, Martín ¡Déjale! —gritó Catalina—. ¡Déjale!

— No, porque es un miserable, un canalla cobarde, y te va a pedir perdón de rodillas.

— No —exclamó Ohando.

— Sí —y Martín le llevó por el cuello, arrastrándole por el barro, hasta donde estaba Catalina.

— No sea usted bárbaro —exclamó el extranjero—. Déjelo usted.

— ¡A mí, «Cacho!» ¡A mí! —gritó Carlos ahogadamente.

Entonces, antes de que nadie lo pudiera evitar, «el Cacho», desde la esquina de la posada, levantó su fusil, apuntó; se oyó una detonación, y Martín, herido en la espalda, vaciló, soltó a Ohando y cayó en la tierra.

Carlos se levantó y quedó mirando a su adversario. Catalina se lanzó sobre el cuerpo de su marido y trató de incorporarle. Era inútil.

Martín tomó la mano de su mujer y con un esfuerzo último se la llevó a los labios. ¡Adiós! —murmuró débilmente, se le nublaron los ojos y quedó muerto.

A lo lejos, un clarín guerrero hacía temblar el aire de Roncesvalles.

Así se habían estremecido aquellos montes con el cuerno de Rolando.

Así hacía cerca quinientos años había matado también a traición Velche de Micolalde, deudo de los Ohando, a Martín López de Zalacaín.

Catalina se desmayó al lado del cadáver de su marido. El extranjero con la gente de la fonda le atendieron. Mientras tanto, unos gendarmes franceses persiguieron al «Cacho», y viendo que éste no se detenía, le dispararon varios tiros hasta que cayó herido.

***

El cadáver de Martín se llevó al interior de la posada y estuvo toda la noche rodeado de cirios. Los amigos no cabían en la casa. Acudieron a rezar el oficio de difuntos el abad de Roncesvalles y los curas de Arneguy, de Valcarlos y de Zaro.

Por la mañana se verificó el entierro. El día estaba claro y alegre. Se sacó la caja y se la colocó en el coche que habían mandado de San Juan del Pie del Puerto. Todos los labradores de los caseríos propiedad de los Ohandos estaban allí; habían venido de Urbia a pie para asistir al entierro. Y presidieron el duelo Briones, vestido de uniforme, Bautista Urbide y Capistun el americano.

Y las mujeres lloraban.

— Tan grande como era —decían—. ¡Pobre! ¡Quién había de decir que tendríamos que asistir a su entierro, nosotros que le hemos conocido de niño!

El cortejo tomó el camino de Zaro y allí tuvo fin la triste ceremonia.

***

Meses después, Carlos Ohando entró en San Ignacio de Loyola; «el Cacho» estuvo en el hospital, en donde le cortaron una pierna, y luego fue enviado a un presidio francés; y Catalina, con su hijo, marchó a Zaro a vivir al lado de la Ignacia y de Bautista.

LAS TRES ROSAS DEL CEMENTERIO DE ZARO

Zaro es un pueblo pequeño, muy pequeño, asentado sobre una colina. Para llegar a él se pasa por un camino, en algunas partes muy hondo, al cual los arbustos frondosos forman en verano un túnel.

A la entrada de Zaro, como en otros pueblos vasco-franceses, hay una gran cruz de madera, muy alta, pintada de rojo, con diversos atributos de la pasión: un gallo, las tenazas, la lanza y los clavos. Estas cruces bárbaras, con estrellas y corazones grabados en negro, dan un carácter sombrío y trágico a las aldeas vascas.

En el vértice del cerro donde se asienta Zaro, en medio de una plazoleta, estrecha y larga, se yergue un inmenso nogal copudo, con el grueso tronco rodeado por un banco de piedra.

Una de las caras que forman la plaza es grande, con pórtico espacioso, alero avanzado y varias ventanas cubiertas por persianas verdes. Sobre el escudo que se ostenta en el arco de la puerta, se ve escrita la fecha en que se edificó la casa, y unas palabras en latín indicando quién la hizo:

«Bacalareus presbiterus Urbide
Hoc domicilium fecit in lapide».

En un extremo de la plazoleta se levanta la iglesia, pequeña, humilde, con su atrio, su campanario y su tejadillo de pizarra.

Rodeándola, sobre una tapia baja, se extiende el cementerio.

En Zaro hay siempre un silencio absoluto, casi únicamente interrumpido por la voz cascada del reloj de la iglesia, que da las horas de una manera melancólica, con un tañido de lloro.

En el reloj de la torre de otro pueblo vasco, en Urruña, se lee escrita esta triste sentencia: «Vulnerant omnes, ultima necat». Todas hieren, la última acaba. Mejor todavía la triste sentencia podría estar escrita en el reloj de la torre de Zaro.

En el cementerio, alrededor de la iglesia, entre las cruces de piedra, brillan durante la primavera rosales de varios colores, rojos, amarillos, y azucenas blancas de aspecto triste.

Desde este cementerio se ve un valle extensísimo, un paisaje amable y pastoril. El grave silencio que reina en el camposanto, apenas lo turbian los débiles rumores de la vida del pueblo.

De cuando en cuando, se oye el chirriar de una puerta, el tintineo del cencerro de las vacas, la voz de un chiquillo, el zumbido de los moscones... y, de cuando en cuando, se oye también el golpe del martillo del reloj, voz de muerte apagada, sombría, que tiene en el valle un triste eco.

Tras de estas campanadas fatídicas, el silencio que viene después parece un tierno halago.

Como protesta de la eterna vida, en el mismo camposanto las malas hierbas crecen vigorosas, extienden sus vástagos robustos por el suelo y dan un olor acre en el crepúsculo, tras de las horas de sol; pían los pájaros con algarabía estrepitosa y los gallos lanzan al aire su cacareo valiente, como un desafío.

La vista alcanza desde allá un extenso panorama de líneas suaves, de intenso verdor, sin rocas adustas, sin matorrales sombríos, sin nada duro y salvaje. Los pueblecillos blancos duermen sobre las heredades, las carretas rechinan en los caminos, los labradores trabajan con sus bueyes en los campos, y la tierra, fértil y húmeda, reposa bajo la gran sonrisa del cielo y la inmensa piedad del sol...

En el cementerio de Zaro hay una tumba de piedra, y en la misma cruz escrito con letras negras dice en vasco:

AQUÍ YACE
MARTÍN ZALACAÍN
MUERTO A LOS
24 AÑOS

EL 29 DE FEBRERO DE 1876

* * * * *

Una tarde de verano, muchos, muchos años después de la guerra, se vió entrar en el mismo día en el cementerio de Zaro a tres viejecitas vestidas de luto.

Una de ellas era Linda; se acercó al sepulcro de Zalacaín y dejó sobre él una rosa negra; la otra era la señorita de Briones, y puso una rosa roja. Catalina, que iba todos los días al cementerio, vió las dos rosas en la lápida de su marido y las respetó y depositó junto a ellas una rosa blanca.

Y las tres rosas duraron mucho tiempo lozanas sobre la tumba de Zalacaín.

Capítulo 7

EPITAFIOS

He aquí el epitafio que improvisó el versolari Echehun de Zugarramurdi en la tumba de Zalacaín el Aventurero:

Lur santu onctan dago
Martín Zalacaín ló
Eriotzac hill zuen
Bazan salvatucó
Eliz aldeco itzalac
Gorde du beticó
Bere icena dedin
Honratu gaur gueró
Aurrena Euscal Errien
Gloriya izatecó.

(En esta santa tierra está durmiendo Martín Zalacaín. La muerte lo hirió, pero él logró salvarse. En el próximo presbiterio se guarda para siempre su nombre, para honra primeramente del país vasco y después para su gloria.)

Y el joven poeta navarro Juan de Navascués glosó el epitafio del versolari Echehun de Zugarramurdi, en esta décima castellana:

Duerme en esta sepultura
Martín Zalacaín, el fuerte.
Venganza tomó la muerte
De su audacia y su bravura.
De su guerrera apostura
El vasco guarda memoria;
Y aunque el libro de la historia
Su rudo nombre rechaza,

¡Caminante de su raza,
Descúbrete ante su gloria!

<
div class="poem">

Made in the USA
Monee, IL
26 January 2024

52434392R00095